꼴통공주의
불안강박은 극복된다

꼴통공주의
불안강박은 극복된다

1판 1쇄 발행 2023년 10월 27일

저자 꼴통공주(박현진)

교정 김영범 **편집** 문서아 **마케팅·지원** 김혜지

펴낸곳 (주)하움출판사 **펴낸이** 문현광

이메일 haum1000@naver.com **홈페이지** haum.kr
블로그 blog.naver.com/haum1000 **인스타그램** @haum1007

ISBN 979-11-6440-458-2 (03190)

좋은 책을 만들겠습니다.
하움출판사는 독자 여러분의 의견에 항상 귀 기울이고 있습니다.
파본은 구입처에서 교환해 드립니다.

꼴통공주의

불안강박은
(극복)된다

3장 극복 노력의 실천과제와 마음가짐

시작하며

 안녕하세요. 저는 꼴통공주라고 합니다. 저는 불안장애 환우입니다. '꼴통공주'는 제가 2013년 불안장애의 한 증상인 공격적 강박사고가 재발하면서 오랜 시간 활동했던 인터넷 카페에서 사용했던 닉네임으로 제게 있었던 많은 시련과 불안장애를 극복해 준 저의 전사입니다. 꼴통공주로 살아왔던 그 몇 년의 시간은 너무나 아프고 힘들었지만, 또 너무나 치열했고 열정적이었고 감동적이었습니다. 꼴통공주는 저에게 있어 너무나 특별한 존재이며, 불안강박과는 떼려야 뗄 수 없는 존재이기에 이 글 역시 꼴통공주로서 써 내려가려 합니다. 앞으로 저는 꼴통공주가 경험했던 많은 이야기들을 이 책에 풀어낼 것이며, 그 이야기들이 여러분께 도움이 될 수 있기를 간절히 바랍니다. 단 한 분이라도 꼴통공주의 이야기를 통해 희망을 찾으실 수 있다면 저는 너무 가슴 벅찰 것 같습니다.

 저는 글을 전문적으로 쓰는 사람도 아니고 정신과 의사 선생님들처럼 정신 분야의 전문적인 지식을 가진 사람도 아닙니다. 저는 그저 불안장애를 오랜 시간 실제로 겪으며 극복해 낸 한 사람으로서 그 과정들을 있는 그대로 이 책에 표현하려 할 뿐입니다. 책을 쓰고 싶었던 마음은 그전에도 있었지만, 쉽게 시작할 수 없었습니다. 그 이유는 책을 쓰려면 글을 전문적으로 쓰는 작가들처럼 잘 써야 한다고 생각했었고,

정신과 선생님들처럼 전문적인 지식 또한 충분히 갖추고 있어야 한다고 생각했기 때문입니다. 또 글은 특별한 사람이나 정해진 사람들만이 쓰는 것이라 여겼습니다. 하지만 이제 그런 생각들을 내려놓았습니다. 그리고 그런 생각을 품고 있는 한 저는 영원히 책을 쓰지 못 할 거라는 사실도 알게 되었습니다. 저는 절대 그런 사람이 아니니까요. 비록 제가 그런 사람은 아니지만 오랜 시간 겪어 왔던 저의 많은 증상과 그를 이겨 낸 경험의 글은 정신 분야의 전문적인 책이나, 전문적인 작가들이 쓴 책처럼 잘 쓰인 책은 아닐 수 있을 것입니다. 하지만 저의 책은 어디에서도 찾아볼 수 없는 저만의 경험이 녹아 있는 단 하나의 소중한 책이 될 것입니다.

불안장애 환우들끼리 힘들 때마다 서로를 위로해 주던 말이 있습니다. '우리의 증상은 아무나 겪을 수 있는 것이 아니고, 겪고 싶어도 겪을 수 없어요. 우리는 그런 힘든 증상과 함께하며 매 순간 이겨 내려 노력하고 있어요. 이 얼마나 대단한 일인가요. 우리는 너무나 강하고 멋진 사람들이에요.' 맞습니다. 제가 불안장애를 경험하고 극복해 온 과정들은 정말 위대하고 값진 시간이었습니다. 그래서 이제는 잘 써야 한다는 욕심을 내려놓고 저의 이런 값진 경험 그 자체를 진솔하게 담아내려 합니다. 진심은 통하듯이 저의 글이 누군가에게는 가 닿을 수 있을 것이라 믿으면서요. 경험해 보지 못하면 절대 알 수 없는 너무나 힘들고 두려운 불안과 '강박사고'들 그리고 다양한 신체 증상들을 등에 업고 매일 열심히 살아가고 계실 분들께서 '저 여기 있어요.'라고 저의 글을 발견하고 작은 희망의 불빛을 보실 수 있다면 저는 더 바랄 게 없을 것 같습니다.

9

본론에서는 불안장애와 불안장애에서 매우 중요하게 다루어야 할 '재앙사고'와 '불안염려' 그리고 불안과 신체 증상에 관해 이야기하고, 증상을 직접 겪으며 깨달은 저만의 지식과 대처 방법들에 관해 이야기하고자 합니다. 저는 오랜 시간 동안 인터넷 카페를 통해 연이 닿은 많은 불안강박환우분들의 불안장애가 유발하는 증상인 재앙사고와 불안염려에 관해 상담을 해 드리고 대화를 이어왔습니다. 그 많은 대화에서 재앙사고와 불안염려를 경험한 사람들은 너무나 쉽게 서로의 증상에 대해 공감했습니다. 재앙사고나 불안염려와 같은 생각 증상은 남들이 관찰할 수 없는 환우의 머릿속에서만 일어나는 현상이기에 환우가 아닌 분들의 공감을 얻는 것은 너무 힘든 일입니다. 환우는 재앙사고나 불안염려와 같은 '생각 증상'을 겪고 있는 그 자체로도 너무 힘들지만, 아무도 알아주지 않고 공감받지 못 하는 현실 속에서 지독한 외로움과 고립감을 경험하기도 합니다.

하지만 환우들끼리의 소통은 '아, 나만 그런 것이 아니구나. 내가 경험하고 있는 현상이 바로 불안장애에서 나타나는 증상이구나.'라는 사실을 확인시켜주어 마음의 안정을 찾고 위로받게 합니다. 여러분들도 저의 글을 통해 제가 직접 경험했던 증상들과 힘들었던 순간의 저의 마음을 보게 되신다면, 많은 공감과 위로를 받으실 수 있을 거로 생각합니다. 그리고 재앙사고와 불안염려에 대처했던 저의 노하우가 여러분들의 경우에서도 도움이 되실 거라 기대해 봅니다. 저의 글이 여러분들에게 위로와 용기를 드리는 것과 함께 '불안강박'의 극복에도 좋은 기회를 가져다드릴 수 있기를 간절히 바랍니다.

1장

공격적 강박사고와
치료

1

공격적 강박사고와의 만남

제가 '공격적 강박사고'를 처음 만난 때는 2009년 가을이었습니다. 저는 그때 물리적인 환경에서는 큰 어려움이 없었지만, 심리 정서적인 측면에서는 매우 불안정한 상태에 있었습니다. 2007년 아빠가 심장마비로 갑자기 세상을 떠나신 후 장례가 끝나고 아빠의 죽음을 전해 받은 장소에서 처음 공황발작을 경험했습니다. 그 후 2009년 가을 공격적 강박사고가 찾아오기까지 몇 차례 더 나타난 크고 작은 공황발작으로 응급실을 찾기도 했지만, 저는 공황발작이 그저 아빠의 갑작스러운 죽음과 저의 힘든 심리상태로 인해 생긴 스트레스 반응이라고 여겨 심각하게 생각하지 않았습니다.

언제까지나 살아계실 거라 믿었던 아빠의 갑작스러운 죽음은 그 자체로도 저에게 너무나 큰 충격이었지만, 제가 생각해 왔던 죽음에 관한 믿음도 일순간에 바꾸어 놓았습니다. 죽음은 저와 너무 가까이 있었습니다. 사람이 아빠처럼 한순간에 이 세상을 떠날 수 있다는 사실이 너무나 허망하고 두려웠습니다. 아빠의 죽음은 저의 내면에 엄청난 파동을 일으켰습니다. 아빠의 죽음은 저의 삶의 방향도 바꾸어 놓았습니다. 특정인과의 갈등이 시작되고 오래되어 그로 인한 정신적인 스트레스가 극심했습니다. 사람으로 인해 받은 상처도 많았습니다. 더군다

나 그 시절 저는 가족을 떠나 타지에서 홀로 생활했었기에 그런 저의 어려움을 털어놓고 위로받고 의지할 곳도 없었습니다.

익숙한 환경에서 벗어나 낯선 곳에서 생활한다는 것 자체로도 그냥 외로웠습니다. 이 세상에 내 편이 되어 주고 나를 위해주고 보호해 줄 누군가가 한 사람도 없다는 사실이 너무나 무섭고 외로웠습니다. 그런 심리상태로 누군가와의 갈등 상황에 처해 있었기에 저는 극심하게 불안정했습니다. 그때의 제 마음과 기분은 항상 어둡고 무거웠습니다. 저의 존재는 움츠러들고 움츠러들어 더 이상 작아지지도 못할 만큼 작고 작았습니다. 너무 어둡고 작아서 저의 존재를 의식하지도 못했습니다. 첫 공황발작이 찾아온 후로도 저는 2년이라는 세월을 그렇게 힘들고 어둡게 보냈습니다. 그리고 2009년 가을 어느 날 갑자기 저의 무의식이 공격적 강박사고를 저의 의식에게 올려보냈습니다. '너 힘든 것 좀 제대로 보란 말이야. 이제 제발~!'이라고 울부짖으면서 말이지요.

제가 정신과 병원에서 진단받은 불안장애의 한 증상인 공격적 강박사고의 내용은 사랑하는 사람을 공격하는 생각이 원치 않는데도 반복해서 나타나는 것이었습니다. 실제로 제가 겪고 있었던 공격적 강박사고 역시 가족을 공격하는 내용이었습니다. 공격적 강박사고는 어느 날 갑자기 그렇게 저에게 찾아왔습니다. 처음에는 '무슨 이런 생각이 나지?'라며 무심히 넘겼습니다. 워낙 가당치도 않은 생각이었기 때문입니다. 하지만 시간이 흘러도 그 생각은 사라지지 않았고, 오히려 반복해서 나타나며 저의 하루를 장악하기 시작했습니다. 그제야 저는 '이건 뭔가 정상적이지가 않구나. 나에게 어떤 문제가 생겼구나.'라는 것을 자각하며 저의 상태를 제대로 인식할 수 있게 되었습니다.

공격적 강박사고의 내용과 형태

공격적 강박사고의 내용은 가족을 특정 도구를 이용해 공격하는 것이었습니다. 자세한 표현을 통해 공격적 강박사고가 얼마나 고통스러운 증상인지, 이 증상을 경험하고 있는 분들의 고통이 얼마나 큰 것인지를 세상에 알려 이 증상을 경험하는 분들이 좀 더 배려 받고, 이해받는 계기를 만들고 싶기도 하지만, 사랑하는 가족을 향해있는 공격적인 내용의 생각을 구체적으로 표현하는 것은 저로서도 쉽지 않은 일이고 글을 읽는 분들께서도 편안한 내용은 아닐 것입니다. 그래서 이 정도의 범위 안에서만 표현하려고 합니다. 공격적 강박사고는 사고의 행위자가 의도적으로 생각을 만들어 내기 때문에 나타나는 현상이 아닙니다. 사고를 경험하는 사람은 생각할 의도가 전혀 없는데도 강박사고 스스로 무의식에 의해 자동으로 나타납니다. 그래서 원치 않는데도 계속해서 나타나는 것입니다. 이 점을 명심하고 계셔야 공격적 강박사고를 제대로 무시하실 수 있고 극복하실 수 있습니다.

또 공격적 강박사고는 초기에 그 대상이 가족에게 한정되어 있었지만, 시간이 흐를수록 모든 사람에게로 점점 번져 갔으며, 저의 죄책감을 자극하여 매우 괴롭게 했습니다. 평생을 남에게 피해주지 않으려 노력하며 살아온 착하기만 했던 저의 도덕성도 공격적 강박사고로 인해 심하게 훼손되었습니다. 이 죄책감과 훼손된 도덕성을 만회하기 위해 저는 공격적 강박사고가 향하는 대상들을 향해 '사랑합니다.'라는 말을 반복해서 되뇌며 속죄의 행위를 하기도 했습니다. 지금 생각해보면 그럴 필요도 없는 불안장애의 한 증상일 뿐이었는데 말입니다.

저를 가장 오랫동안 힘들고 고통스럽게 했던 공격적 강박사고의 형태는 충동형 사고였습니다. 단순한 이미지나 말이 떠오르는 것과는 달리 이 충동형은 매우 생동적이었기에 실제로 제가 그러한 행동을 실행에 옮길까 봐 극심하게 불안하고 두려웠습니다.

그래서 처음에는 공격적 강박사고의 대상이 되는 가족과 단둘이 있지 못했고 누군가 함께 있어야 안심이 되었으며 부득이하게 둘만 있게 되는 상황에는 꼼짝도 하지 못한 채 불안에 떨곤 했습니다. 생동적이고 충동적인 생각이 언제든 살아 나와 실행에 옮기기라도 할까, 그것들을 온 가슴으로 끌어안은 채 누워 잠들기만을 기다리곤 했습니다. 그러다 잠들면 다행이었고 잠에서 깬 순간은 다시 악몽이 기다리는 현실로 돌아왔습니다. 잠에 들지 못하면 불안과 두려움으로 손가락 하나 꼼짝하지 않은 채 미동도 없이 누워만 있었습니다. 조금이라도 움직이면 그 생각을 실행에 옮길까 봐 불안하고 두려웠기 때문입니다.

다시 떠올려도 너무나 힘들고 고통스러운 시간이었습니다. 지금, 이 증상을 경험하고 계실 분들이 얼마나 힘들고 괴로울지 저는 너무나 잘 압니다. 말로는 제대로 설명할 수도 없고, 경험해 보지 않으면 도대체 무슨 일인지 알 수도 없는 기막힌 현실을 마주하고 있을 환우분들을 떠올리면 마음이 너무 무겁습니다. 우리는 왜 이토록 힘든 병을 경험해야 하는지 하고 말입니다. 하지만 희망은 있습니다. 얼마든지 깨끗해진 생각으로 다시 돌아올 수 있습니다.

시간이 흐르며 공격적 강박사고의 증상은 충동형과 함께 잔인한 이미지들과 대화체로 나타났습니다. 하루 중 보게 되는 물건들, 건물들, 지형들, 간판들, 표지판들, 음식들, 사람들, 심지어 꽃들, 거리에 쌓인 눈들, 각종 기계와 도구들 등 할 것 없이 제가 보는 모든 것들에서 잔인한 이미지들이 자동적이고 빠르게 연상되었습니다. 그러다 보니 무엇인가를 보는 것이 너무 괴로웠습니다. 보는 게 괴로워 라디오라도 들으면 듣는 것에서도 잔인하고 공격적인 이미지가 연상되었습니다.

또 '이걸 xx 버릴까?'처럼 대화체로 나타나는 사고들로 인해 '혹시 내가 빙의 된 것이 아닐까?' 혹은 '내가 조현병에 걸린 게 아닐까?'를 염려하며 불안해하기도 했습니다. 하지만 이러한 것들이 모두 공격적 강박사고의 다른 형태들이었습니다. 혹시라도 이러한 염려를 하는 분들이 계신다면 절대 빙의나 조현병이 아니니 염려하지 않으셔도 됩니다. 그리고 이러한 모든 형태의 강박사고들도 언제 그랬냐는 듯이 말끔히 사라지니 안심하시기를 바랍니다.

공격적 강박사고의 치료 과정

처음 공격적 강박사고가 발생하고 저의 멘탈은 완전히 붕괴되었습니다. 제가 잔인한 생각을 한다는 사실을 남들이 알게 되기라도 하면 '나를 어떻게 볼까?'라는 생각으로 두려웠습니다. 모든 게 너무나 암담했고 두려웠지만, 그래서였는지 또 치료에는 매우 적극적이었습니다. 그저 이 고통스러운 순간을 빨리 벗어나고픈 마음밖에 없었습니다. 너무나 평범해지고 싶었습니다. 그리고 처음 찾아간 정신병원이 중증 정신질환자들을 입원 치료하는 대형병원이었습니다. 병원은 매우 컸고, 분위기는 딱딱하고 무서웠습니다. 저를 상담해 주셨던 의사 선생님도 매우 기계적이셨습니다. 저의 증상을 이야기했을 때 선생님은 무표정하고 차가운 얼굴로 말씀하셨습니다. '실제로 그런 행동을 할 것 같으면 전화하세요. 그럼, 댁으로 차를 보내 드릴 테고 그 차를 타고 오시면 입원을 시켜 드리겠습니다.'라고요.

저는 선생님의 '실제로 할 것 같으면'이라는 말에 저의 상태가 정말 심각하고 위험하다고 믿게 되었고, 두려움은 더욱더 커지게 되었습니다. 정말 무서웠고 엄청난 일이 제게 벌어지고 있다고 생각하게 되었습니다. 집으로 돌아온 후 병원에서 처방받은 약을 먹고, 약도 얼마나 강하게 처방해 주셨는지 이삼일 정도를 수면과 각성의 중간 상태로 보냈습니다. 몽롱한 상태에서 불안은 더욱 심해졌습니다. 너무나 괴로운 상태로 며칠을 누워만 지냈습니다. 그 힘든 경험으로 인해 저는 정신과 치료를 중단했고 약에 대한 공포감도 생겨났습니다.

그 후 한의원에서 한약과 침 치료도 해 보았지만, 공격적 강박사고의 개선에는 크게 효과가 없었습니다. 다만 한의원 원장님께 받았던 몇 개월 동안의 상담 내용은 제 병 극복을 위한 인지적인 부분에 큰 도움을 주었습니다. 이 세상에는 답이 없을 것 같은 증상을 안고 원장님을 찾아갔을 때, 원장님은 저의 증상이 화병이라 하셨고, 저와 똑같은 증상을 가진 환자분이 있으셨는데 깨끗하게 나았다는 말씀을 해주셨습니다. 언제나 친절하게 상담해 주셨고 항상 '다 사라집니다~'라는 희망적인 말씀을 해주셨습니다. 저는 원장님의 '다 사라집니다.'라는 말을 굳게 믿었고, 그 말을 어둡고 두려운 세상에서 유일하게 기댈 한 줄기의 빛으로 여겼습니다.

그러한 믿음은 제가 공격적 강박사고와 함께하는 시간 동안 제 마음의 중심으로 뿌리내려 저를 흔들리지 않게 지탱해 주었습니다. 그것은 매우 중요한 일이었습니다. 제가 한 번이라도 회의적인 생각을 품었다면, 저는 강하게 공격적 강박사고를 대하지 못했을 것이고, 아마 훨씬 더 오랜 시간을 공격적 강박사고와 함께하며 고통스럽게 보냈을 것입니다.

또 원장님은 '계곡의 물이 항상 똑같은 폭으로 흐르기만 하는 것은 아니에요. 좁아지기도 하고 넓어지기도 하면서 흐르지만 결국은 바다로 향하잖아요. 지금 겪고 있는 생각들도 작아졌다 커졌다 하면서 결국 다 사라질 거예요.'라는 말씀으로 좀처럼 증상이 나아지지 않아 불안해하는 저를 달래주기도 하셨습니다.

원장님의 이 말씀은 제가 재발이 되거나, 약을 끊고 혼자 힘으로 증상에 맞서 이겨나갈 때마다 큰 버팀목이 되어 주었습니다. 실제로 후에 모든 증상은 계곡의 물이 좁아졌다 넓어졌다 하듯 좋아졌다 나빠졌다 하며 바다로 향해 사라졌습니다. 하지만 당시에는 한의원치료로도 저의 상태는 크게 개선되지 않았습니다. 지금 생각하면 그렇게 단기간에 한약과 침만으로 증상이 개선되지 않았던 것은 너무나 당연하였습니다. 그 후 지인의 소개로 찾게 된 한 개인 정신병원에서 좋은 선생님을 만나 저의 병이 불안장애이며, 저의 잔인한 생각이 공격적 강박사고라고 처음 정확하게 진단받을 수 있었습니다. 선생님은 항상 친절하게 상담해 주셨고, 약 공포증이 있던 저에게 약도 적절하게 처방해 주셔서 1년 6개월가량의 약물 복용을 통해 증상이 완전히 개선되는 결과를 얻기도 했습니다. 후에 큰 개인사로 인해 재발이 되긴 했지만 약물 복용으로 이룬 호전의 경험이 또 재발을 이겨 내는 데 큰 도움이 되었습니다.

결국은 셀프치료가 해답

저에게 불안장애라는 병이 발병할 수밖에 없었던 근원을 찾아 거슬러 올라가 보면, 비단 아빠의 갑작스러운 죽음 이후 힘들었던 2년간의 문제만은 아니었습니다. 그 2년 동안의 극심했던 갈등과 스트레스 상황들이, 저의 모든 기억이 저장된 무의식 영역의 한계상황을 불안장애라는 병으로 발병하게 한 도화선 역할을 했던 것은 분명합니다. 공황발작이 여러 차례 찾아오는 동안에도 저는 저의 문제점을 전혀 인식하지 못했고, 제가 처해 있는 스트레스 상황이 얼마나 심각한지, 저에게 어떤 영향을 미치고 있는지 몰랐습니다. 나의 내면은 무엇이고, 나의 무의식은 무엇인지, 나는 얼마나 힘든 것인지, 나의 기분은 어떠한지, 나는 상처를 얼마나 받고 있는지, 나는 괜찮은지, 나를 어떻게 보호해야 하는지와 같은 나 자신과 관련된 것들에는 전혀 관심을 두지 못했습니다.

저는 '나'이면서도 나에 대해서는 너무나 무관심했고, 관심을 가져야 하는 것인지도 모른 채 다가오는 외부의 것들에게 저를 그냥 무방비 상태로 내어 주며 방치하고 살았습니다. 공황발작이 여러 차례 있었다는 것은 이미 나의 무의식이 자신의 한계를 드러내고 있었던 것인데도 그 사실을 전혀 인식하지 못한 채 여전히 저를 방치했기 때문에 결국 공격적 강박사고가 잔인한 생각으로 저에게 찾아온 것입니다. 그제야 저는 겨우 저 자신에게로 관심을 돌리게 되었고, 본격적으로 불안장애를 극복하기 위한 시간을 보내며 저 자신에게 더 많은 관심을 가지고, 알아 가고, 사랑하고, 지켜내려는 노력을 시작하게 되었습니다.

공격적 강박사고는 그동안 보지 못했던 저와 저의 삶을 볼 수 있게 해주었습니다. 처음에는 하루 종일 떠오르는 잔인한 생각들과 그로 인한 고통에서 벗어나야 한다는 생각밖에 없었고, 그러기 위해 노력했습니다. 공격적 강박사고가 사라지면 이 병과도 이별일 거라 생각하면서요. 하지만 공격적 강박사고가 충분히 좋아져도 저의 '병적인 불안'은 무겁고 끈적끈적하게 남아 사라지지 않았고, 다양한 내용으로 나타나는 강박사고들과 신체 증상들이 여전히 저에게 머물러 있었습니다. 또, 저의 병세가 어느 정도 호전되어 살 만해지면 보란 듯이 큰 스트레스 사건이 발생했습니다. 2009년 첫 발병 이후 약물 복용으로 크게 호전되었던 저의 병세가 제 인생을 송두리째 흔들어 놓은 사건으로 인해 7개월 후 재발이 된 것입니다. 재발 기간에도 끊임없이 사건사고들이 이어졌습니다. 결혼, 연이은 두 번의 임신과 유산, 교통사고, 입사, 해고, 퇴사, 잦은 이사, 두 번의 수술, 골치 아픈 가족사까지 크고 작은 스트레스 상황들이 쓰나미처럼 밀려왔습니다.

이미 일어난 사건들을 추스르기도 전에 다음 사건들이 계속해서 터졌습니다. 그럴 때마다 저의 증상들 역시 쓰나미가 되어 함께 밀려왔고, 저는 그 사건들과 증상들을 함께 추스르고 이겨 내느라 정말 정신없는 세월을 보내야 했습니다. 이렇게 저는 많은 사건과 많은 재발을 경험하는 과정에서 지금까지와는 다른 이 병 극복에 대한 관점을 자연스레 가지게 되었는데, 그것은 약물치료만으로는 이 병이 완전히 극복될 수 없겠다는 것이었고, 뭔가 이대로는 완전하게 이 병이 해결되지 않겠다는 것이었습니다. 그때 마침 공황장애를 자신의 통찰과 노력만으로 완치하신 분이 개설한 인터넷 카페를 알게 되고 해당 카페에서 활동하며, 그분이 공유해 주신 감사한 선 경험과 다른 회원분들의 응원과 격려 속에서, 저도 저만의 극복 노력에 매진하고 힘을 얻을 수 있었습니다. 그 노력의 과정을 통해 저도 제가 겪고 있는 불안장애의 병적인 불안과 공격적 강박사고를 비롯한 다양한 강박사고를 탐구하여, 그 원리와 지식을 쌓아갔고 그것을 토대로 강박사고에 대처하는 법을 터득하고 극복해 낼 수 있었습니다. 그 시절 그 카페에서 활동했던 저의 전사 '꼴통공주'가 저에게 너무나 특별한 존재인 것처럼 그 카페와 카페지기님, 함께 해주셨던 많은 회원님들 역시 저에게는 너무나 특별하고 감사한 분들이십니다. 정말 많이 감사합니다.

66

2장

불안장애와
불안장애의 증상들

99

불안장애란?

그렇다면 이러한 공격적 강박사고를 발생시키는 불안장애는 어떠한 병일까요? 불안장애라는 병의 명칭에서 이미 짐작할 수 있듯이 불안이 정상적으로 기능하지 못하는 병일 것이라고 누구나 쉽게 생각할 수 있을 것입니다. 불안은 인간이 경험하는 정상적인 감정으로 인간이 위험한 상황에 부딪히게 될 때, 그 위험한 상황을 피하거나 물리쳐서 자신을 안전하게 보호하고 지켜 내도록 하는 기능을 합니다. 다시 말해 인간이 위험한 상황에 부딪혔을 때 울리는 '위험 경보기'와 같은 역할을 하는 것이 바로 불안이라는 감정입니다.

불안은 교감신경계의 활성화로 인한 투쟁
↳ 도피 반응

이렇게 인간이 자신을 위협하는 상황에 부딪치면 인간의 뇌에서는 일련의 반응이 시작됩니다. 먼저 두려움을 담당하는 편도체가 시상하부로 신호를 보내고 신호를 받은 시상하부는 그 신호를 다시 자율신경계로 보냅니다. 자율신경계는 교감신경과 부교감신경계로 나뉘고 교감신경계는 투쟁-도피 반응인 불안을, 부교감신경계는 안정을 담당합니다. 즉, 우리가 위험에 처하면 자율신경계 중 불안을 담당하는 교감신경계가 활성화되고 이에 따라 투쟁-도피 반응이 일어나게 되는 것입니다.

투쟁-도피 반응이 일어나면 우리의 몸과 마음에서는 다양한 변화가 일어나는데, 신체적으로는 주요 근육으로 산소를 더 많이 보내기 위해 심장이 빨리 뛰고, 혈액으로 산소를 더 많이 보내기 위해 호흡이 빨라지며 숨쉬기가 힘들어집니다. 또 어지러움과 두통, 불면증, 혈압상승, 근육긴장, 통증에 대한 인식능력 저하, 감각 이상, 소화기능 장애와 같은 다양한 증상이 나타나기도 하며, 동공이 팽창하거나, 청력이 예민해져 시각과 소리에 매우 민감해지고 손과 발이 차가워지거나 땀이 나기도 합니다.

또 정서적으로는 불안, 초조, 두려움과 같은 부정적인 정서들이 지속해서 나타나고, 매우 예민해져 쉽게 짜증과 분노가 일어나기도 합니다. 또한 생각을 담당하는 인지영역에서는 자신이 위험한 상황에 부딪히는 일에 집중하고, 부정적이고 두려운 사건이나 상황을 예상하여, 그 상황이나 사건을 대비하려는 생각들이 지속해서 나타나며 그로 인해 늘 긴장 상태에 놓이게 됩니다.

자율신경계에서 일어나는 현상은 자동적이다

　이렇게 투쟁-도피 반응을 작동시키는 교감신경계가 포함된 자율신경계는 자동적으로 조절되고 반응하기 때문에 자율신경계라 합니다. 다시 말해 투쟁-도피 반응으로 나타나는 심장 두근거림이나, 불안 초조감 등과 같은 신체 증상이나 정서 증상, 또 부정적인 미래를 예측하여 대비책을 마련하려는 생각들이 나타나는 생각 증상들이 모두 자동적으로 나타난다는 것입니다. 이 사실을 아는 것은 매우 중요합니다. 그래야 자신이 겪고 있는 각종 증상에 대해 올바른 대처가 가능하기에, 교감신경계의 활성화로 나타나는 증상들이 자동적이라는 것을 꼭 기억하고 넘어가셨으면 합니다.

불안장애는 투쟁
　↳ 도피 반응이 24시간 일어나는 현상

　불안장애는 이렇게 위험한 상황에서만 일어나야 할 투쟁-도피 반응이, 교감신경계의 오작동으로 인해 위험하지 않은 상황에서도 24시간 작동하고 있는 상태를 말합니다. 적이 침입하지 않았는데도 침입했다고 오인해 위험 경보를 하루 종일 자신에게 보내고 있는 것이지요. 그래서 우리 몸 여기저기에서 투쟁, 도피를 위한 다양한 신체 증상들과 아무 이유 없이 불안하고 초조한 정서 증상, 두렵고 불안한 형태의 다양한 생각들인 생각 증상이 머리에서 증상으로 끊임없이 나타나는 것입니다. 저도 이렇게 해서 나타나는 신체 증상과 정서 증상, 생각 증상을 오래도록 경험했습니다. 심장과 머리를 비롯한 온몸이 두근거리는 증상, 소화 장애, 어지럼증, 감각 이상, 불면증, 호흡 불편, 두통, 뒷골 당김, 어깨 근육 긴장감, 등 다양한 신체 증상이 나타났지만, 강박사고와 불안이 너무 강하게 하루 종일 저의 머리와 정서를 장악하고 있었기에 신체 증상은 상대적으로 가볍게 느껴졌습니다. 심한 불안과 강박사고로 인해 신체 증상에 집중할 만한 여유가 없었던 것이지요. 아마 불안장애를 앓고 계신 많은 분이 정도의 차이만 있지 다양한 증상을 비슷하게 겪고 계실 거라 생각합니다. 지금까지 겪어보지 못한 불안장애의 비정상적인 증상들로 인해 불안하고 두려울 것이며, 왜 내가 이런 현상을 경험하고 있는지 알 수 없어 혼란스러우실 것입니다. 또 어떻게 해결해야 할지에 대한 걱정으로 답답하고 막막하실 것입니다.

5
아는 것이 이기는 것이다

저의 경험상 불안장애 발병으로 생긴 증상에 대한 그런 혼란과 두려움들은, 제가 경험하고 있는 증상의 발생 원인과 원리에 대해 정확히 알게 되면서부터 진화되기 시작했습니다. 병원에서의 정확한 진단을 통해 제가 경험하고 있는 잔인한 생각이 공격적 강박사고라고 하는 정확히 검증된 불안장애의 한 증상일 뿐이며, 절대 위험하지 않다는 사실을 확인받게 되면서부터 급격히 마음의 안정을 찾게 된 것입니다. 잔뜩 겁먹었고 두려웠으며 막막하기만 했던 저의 모든 긴장이 해소되었고, 여전히 나타나는 잔인한 생각과는 상관없이 나을 수 있다는 희망의 빛을 볼 수 있었습니다. 어떤 문제가 발생하고 그것을 해결해 감에 있어 심리적인 영향이 얼마나 중요한 것인지는 누구나 다 아실 거라 생각합니다.

여러분들도 자신이 겪고 있는 다양한 증상들이 앞에서 설명해 드린 투쟁-도피 반응의 오작동으로 인해 나타나고 있는 것이란 사실을 알게 되는 것만으로도 저와 같은 마음의 안정을 찾으실 수 있을 것입니다. 마음의 안정을 찾게 되면 여러분들이 불안장애의 증상을 대하는 마음과 제가 앞으로 말씀드릴 불안장애를 극복하기 위해 실천해야 할 노력들을 보다 더 안정적으로 유지해 나가실 수 있을 것입니다. 자신의 증상에 대해 아는 것과 모르는 것은 하늘과 땅 차이입니다. 그것은 여러분들을 희망과 절망 사이를 오가게 할 수 있습니다. 모든 문제해결의 시작점은 그 원인을 아는 것에서부터 출발합니다. 자신에게 힘든 증상들이 나타나 괴로울 때 아무 대책 없이 힘들어만 할 것이 아니라, 자신이 불안장애 환우이며 그래서 지금 불안장애의 증상을 경험하고 있을 뿐이라고 인식하게 되면 그것만으로도 심리적인 안정을 찾을 수 있습니다.

우리가 감기에 걸리면 기침이나 콧물이 나고, 열이 오르는 등 감기만의 고유한 증상을 경험하게 되는 것처럼 불안장애가 발병한 여러분들도 불안장애에서 나타나는 고유한 증상을 신체와 정서, 생각으로 경험하고 있는 것일 뿐입니다. 여러분들이 겪고 있는 증상도 그저 기침이나 콧물, 재채기와 같은 하나의 증상일 뿐입니다. 이러한 사실을 항상 스스로 상기시키면서 불안장애의 증상을 대하는 노력을 하신다면, 그 다양한 증상들을 올바르게 처리할 수 있는 데에 많은 도움이 되실 것입니다.

제가 경험한 짧은 신체 증상 이야기

신체에서 나타나는 신체 증상이나 정서적으로 느껴지는 불안감들은 불안장애의 한 증상으로 인식하고 구별하기가 비교적 쉬울 수 있지만, 인지영역에서 나타나는 생각 증상들은 구별하기도 어려울뿐더러, 증상으로 인식하는 것 또한 쉽지 않습니다. 그래서 저는 앞으로 인지영역에서 나타나는 생각 증상에 관한 이야기를 대부분 다룰 생각입니다. 다만 저도 적지 않은 신체 증상들을 경험했고, 그 증상들이 불안장애에서 나타나는 증상이 아닌 실제로 저의 신체에 어떤 문제가 있는 것이라 여겨 병원 진료를 보거나, 불안장애의 생각 증상의 한 형태인 '병적인 염려'가 신체 증상에 침투해 건강염려증으로까지 발전할 뻔했던 경험들이 있기에 신체 증상에 관해 짧게나마 이야기를 해볼까 합니다.

강박사고와 같은 생각 증상을 경험하는 환우들끼리는 강박사고에 대해 살아서 경험할 수 있는 최악의 고통이라고 표현합니다. 강박사고는 환우의 인지 시스템을 완전히 장악해 환우를 강박사고 자신이 만든 세상 속으로 몰아넣고 그 안에서 발버둥치게 만듭니다. 생각의 미로 속으로 사람을 몰아넣고 온종일 꼼짝할 수 없게 만들어 버립니다. 거기다 때로는 달팽이 점액처럼 진득하게, 때로는 거대한 쓰나미처럼 강하게 나타나는 불안정서감은 또 얼마나 두렵고 고통스러우며 힘들까요. 그 고통은 경험해 보지 않은 사람은 짐작조차 할 수 없고, 경험해보고 싶어도 할 수 없는 것입니다. 그렇다 보니 상대적으로 신체 증상들은 쉽게 경험되기도 했지만, 그것 또한 쉬운 일은 아니었습니다.

하루 종일 쉬지 않고 강하게 박동하는 심장 두근거림은 '내 심장에 이상이 있는 것은 아닐까, 이러다 심장마비로 죽는 것은 아닐까'라는 두려움과 공포를 제게 안겨줬습니다. 또 툭하면 체하고 메스꺼웠으며 물만 마셔도 거북스럽고 탈이 났던 소화기계통의 증상은 저를 내시경까지 받도록 했지만, 저의 위는 너무나 깨끗했습니다. 이렇게 깨끗한

위는 본 적이 없다는 의사 선생님의 말씀에 얼마나 기뻤던지 저는 아직도 그 당시의 기억을 잊을 수가 없습니다.

　너무 어지럽고 기력이 달리고 숨쉬기도 너무 힘들어, 이러다 정말 내게 무슨 일이 일어나는 것은 아닌가 할 정도로 두려운 적도 많았습니다. 저도 신체 증상을 처음 경험했을 때는 무언가 위험한 일이 제 몸에서 일어난다고 생각해 두려웠습니다. 하지만 이러한 증상들이 불안장애에서 나타나는 감기의 기침과 콧물 같은 단순한 증상이라는 사실을 알게 되고 받아들이게 되면서 저의 두려움도 점점 작아져 갔습니다. 실제로 어떤 문제로 인해 그런 증상들이 나타나는 것이 아니라 증상만이 표면적으로 나타나고 있는 것이었습니다. 또한 신체에서 어떠한 증상이 나타날 때 함께 떠오르는 두려움과 두려움의 생각들이 하나의 자동화된 흐름이라는 것을 반복되는 경험과 학습을 통해 깨닫게 되면서, 신체 증상과 두려움, 두려움의 생각들을 함께 무시할 수 있었습니다.

　그렇게 무시하며 극복 노력의 시간을 보내는 동안 신체 증상들도 강박사고와 함께 언제인지 모를 시간 속으로 사라져 갔습니다. 앞으로 계속 강조해서 말씀드리겠지만, 불안장애가 표현하는 모든 증상을 극복하는 데 있어서 가장 중요한 대응법은 '무시하기'입니다. 형태만 다르게 나타날 뿐이지 증상들의 뿌리는 한 곳이기에 그 대응법도 다르지 않습니다. 무시하기에 대한 자세한 설명은 뒤에서 더 드리기로 하고, 저의 신체 증상에 관한 이야기는 이 정도에서 마무리하도록 하겠습니다. 앞으로는 제가 오랫동안 경험했던 생각 증상에 대해 주로 이야기하려 합니다. 그것은 실제로 제 머리에서 일어난 경험에 기반을 둔 다양한 형태의 생각 증상에 관한 것입니다. 또 오랜 투병 기간 동안 저를 너무나 힘들게 했던 '불안정서'에 대해서도 이야기할 것입니다. 그것은 물리적인 힘이 없는 그저 느껴지는 기분이고 정서이면서도 오랜 시간 저를 무척이나 힘들게 했습니다. 앞으로 그 모든 것에 관한 이야기들을 하나하나 풀어가도록 하겠습니다.

생각 증상이란?

불안장애에서 나타나는 증상은 모두 위험에 대처하도록 우리에게 경보를 보내는 교감신경계의 투쟁-도피 반응에 의해 발생한다고 앞에서 설명을 해드렸습니다. 그런데 위험에 대처하라는 불안의 의도가 인지영역, 즉 생각이라는 방식으로 표출되려고 하다 보니, 이 불안은 환우의 뇌 속에 자신이 가장 파국적이거나 재앙적인 상황에 놓이는 결말로 귀결되도록 설정된 '재앙사고'를 침투시키거나, 반복해서 염려하게 하고, 불안하게 하고, 의심하게 하는 형태의 불안한 생각을 밀어 올려 그 생각을 해결하게 하고, 확인하게 하여, 안심을 유도하는 형태인 병적인 염려로 나타납니다.

문제는 이렇게 나타나는 두 가지 형태의 생각 증상들이 일시적으로 끝나지 않고 환우의 병식과 멈추려는 노력 없이는 무한 반복되어 '강박화'가 된다는 것입니다. 강박사고는 이렇게 최초로 발생한 재앙사고나 병적인 염려가 반복되어 고착된 것을 의미합니다. 여기서 또 짚고넘어가야 할 중요한 사실이 있는데, 불안장애 환우가 아닌 평범한 분들도 재앙사고나 염려들을 충분히 하실 수 있습니다. 하지만 불안장애에서 경험되는 것과는 확연히 다릅니다. 평범한 분들이 경험하는 재앙사고나 염려들에는 불안장애에서 나타나는 병적인 불안이 빠져 있습니다. 그래서 일정한 시간이 지나면 사라집니다.

반면, 병적인 염려나 재앙사고에는 그 생각들에 동반되는 극심한 불안감, 두려움, 초조함, 찜찜함 등과 같은 아주 강하고 비정상적인 정서들이 무조건 함께합니다. 그 다양한 형태의 불안감을 생각과 함께 경험하는 환우는 그래서 자신의 재앙사고나 병적인 염려가 실제로 재현될까 과도하게 두려워하고 불안해하며 그 상황을 회피하기도 합니다. 또 불안한 생각을 해결하기 위해 같은 행동을 반복하거나, 반복해서확인하는 행동 등을 보이기도 합니다. 이러한 불안감은 저도 불안장애 발병 전에는 한 번도 경험해 본 적이 없는 것으로, 정상적인 불안과는 너무나 확연하게 구별되는 비정상적인 것이었습니다. 당장에 그 생각을 해결하지 않으면 안 될 것 같거나, 당장에 불안한 일이 일어날 것같은 극심한 초조함과 불안감은 너무나 자극적이어서 저를 가만히 있지 못 하게 했습니다. 앞에서 자율신경계는 자동적으로 작동된다고 말씀드렸던 것을 기억하실 겁니다. 불안장애의 모든 증상 역시 자율신경계에 속해 있는 교감신경계의 활성화로 나타난다고 말씀드렸던 것도기억하실 겁니다. 결론은 불안장애의 증상인 재앙사고나 병적인 염려와 같은 생각 증상들 역시 자동적으로 일어난다는 것입니다. 제가 위에서 사고를 '침투시킨다'라거나 '밀어 올린다'라고 표현한 이유가 바로 이러한 생각 증상들을 환우 스스로가 자신의 의지로써 어떠한 의도를 가지고 행하는 것이 아니라, 자율신경계의 자동적인 작동에 의해 저절로 나타난다는 것을 강조하기 위함입니다.

문제는 생각 증상을 경험하고 있는 대부분의 사람들이 이러한 사실을 제대로 알지 못해, 자신이 겪고 있는 병적인 염려를 불안장애가 유발하는 증상이 아닌, 자신들의 순수한 생각이나 진심이라 여겨, 병적인 증상에 적합한 대처가 아닌 일반적인 생각의 처리방식으로 잘못 대처하고 있다는 것입니다. 이렇게 재앙사고나 병적인 염려에 대해 제대로 알지 못한 채 잘못된 대처를 하게 되면, 위에서도 말씀드렸듯이 회피적인 행동이나 확인하고 해결하려는 등의 부적응적인 행동을 반복하면서 그 생각들이 파놓은 덫에 갇히게 됩니다. 그렇게 되면 그 생각들은 하나의 강박사고로 고착되고, 그 힘은 더 강해집니다. 강해진 강박사고를 무시하는 것은, 점점 더 어려워질 수밖에 없습니다. 무시하기가 안 되면, 극복도 요원해집니다. 그래서 생각 증상들이 강박화 되기 전에 그 원리를 이해하고, 알아차리고, 무시해서 생각 증상이 파 놓은 덫을 뚫고 나와야 합니다.

이 사실을 분명히 염두에 두고, 앞으로 제가 설명해 드릴 생각 증상에 대한 내용들을 충분히 이해하셔서 여러분들의 머리에서 일어나고 있는 생각 증상들에 직접 적용하여 검증해 보시기를 바랍니다. 그 과정을 통해 여러분의 생각들을 손바닥 보듯이 볼 줄 알게 되는 노력에 힘을 기울이시기를 바랍니다. 저는 모든 강박사고의 발생과 소멸의 과정을 직접 경험했고, 의식의 눈으로 머릿속에서 일어나는 일들을 보아 왔습니다. 여러분들도 의식으로 생각을 바라보는 힘을 키우셔서 그 '의식의 눈'으로 자신의 머릿속에서 일어나는 일들을 직접 관리하는 관리자가 되시기를 바랍니다.

1) 강박사고와 강박행동

☑ 강박사고

강박사고는 자신이 조절하기 힘든 원치 않는 생각들이 지속적이고, 반복적으로 떠오르는 것으로, 앞으로 설명드릴 재앙사고나 병적인 염려가 일시적으로 끝나지 않고 고착되어 반복적으로 나타나는 것을 말합니다.

인지 행동적 입장에서는 강박사고를 '침투적사고'와 '자동적사고'로 구분합니다.

① **침투적사고**: 불현듯 의식 속에 갑작스럽게 떠오르는 원치 않는 불쾌한 생각
② **자동적사고**: 일차적으로 발생한 '침투적사고'를 해결하기 위해 진행되는 이차적 사고

강박사고는 이렇게 자동적으로 침투되고, 그 침투된 생각을 해결하기 위한 해결과정의 생각이 또 자동적으로 흘러 갑니다. 이러한 사실을 아는 것은 매우 중요한 일입니다. 꼭 기억해 주시기를 바랍니다. 이점을 분명하게 알고 계셔야 나의 의지에 의한 주도적이고 일반적인 생각과 자동화되어 저절로 나타나는 병적인 생각을 명확히 구별해 내실 수 있습니다. 이 구분이 되어야 강박사고를 제대로 견제할 수 있고 그래야 개선과 완치라는 육지에 도달할 수 있습니다. 저의 경험으로도 하나의 주제를 가지고 불현듯 나타난 '침투적사고'가 '자동적사고'로 이어져 전개되는 과정은 매우 빠르게 진행되었으며, 마치 모든 내용이 한 번에 다 파악이 되는 하나의 장면으로 떠올랐습니다.

영화의 전체적인 스토리가 한 장면으로 한 번에 파악된다고 하면, 이 현상에 대해 좀 더 이해가 쉬우실 겁니다. 또 모든 강박사고는 제가 원하는 주제를 숙고해서 제가 스스로 만들어 내는 것이 아니었고, 이미 서론, 본론, 결론이 설정되어 자동적으로 돌아가고 있는 프로그램과 같았습니다. 이것은 현실에서 발생하는 실제적인 문제를 해결하기 위한 문제해결 과정이 절대 아니며, 불안장애의 병적인 불안이 환우의 생각 영역에 프로그램해 놓은 대로 작동되고 있는 생각 차원에서의 문제라는 걸 정확히 이해하고 계셔야 합니다. 그리고 이러한 올바른 이해를 바탕으로 강박의 프로그램에 속아 자신도 모르게 강박사고에 딸려 가고 있는 것은 아닌지를 매 순간 파악하시고 자각하셔서 딸려가기를 멈추고 빠져나와 무시해야 합니다. 그래야 강박사고와 이별할 수 있습니다. 그래서 강박사고가 나타나고 진행되어 가는 원리에 대해 자세하게 이해되어 있어야 하는 것은, 너무나 중요한 일이라는 것을 다시 한번 강조해 드립니다.

☑ 강박행동

강박행동은 강박사고를 해결하기 위해 어떤 행동을 계속해서 반복하는 것을 말합니다. 이러한 강박행동은 자신의 행위를 통해 강박사고가 발생시키는 불안을 줄이고 정서적인 안정을 마련하기 위해 나타납니다. 흔하게 볼 수 있는 강박행동의 사례로는 세균에 감염될까 불안한 강박사고의 불안을 상쇄하기 위해 반복적으로 손을 씻거나, 화재로 인한 재산이나 인명피해에 대한 강박사고의 불안을 상쇄하기 위해 가스 밸브 잠금 여부를 반복해서 확인하는 행동 등이 있겠고, 아무리 반복해서 확인해도 명확한 확인감이 느껴지지 않는 불안으로 인해 업무적인 일이나, 책 읽기 등에서 반복적으로 자신이 진행한 업무를 확인하거나 책을 반복해서 읽는 행동들이 있겠습니다.

중요한 것은 애초에 강박사고나 강박행동에는 불안장애의 병적인 불안이 기저에서 작동되고 있기 때문에, 아무리 같은 행동을 반복해도 절대 안심할 수 없습니다.

어떠한 것을 아무리 반복해서 확인하더라도 환우를 절대로 안심의 상태로 두지 않는 기본적인 불안정서가 환우의 정서 기저에 깔려 있기 때문에, 환우는 똑같은 행동을 멈추지 못하는 것이고, 이러한 강박사고와 강박행동의 전체적인 원리에 대한 이해가 되어 있지 않으면서, 동반되는 불안감마저 이겨 내지 못하면 환우는 영원히 같은 행동을 반복할 수밖에 없습니다. 근본적으로 병적인 불안이 만들어 내고 있는 불안정서감을 해결하지 않는 한 강박의 고리에서 벗어나기는 쉽지 않습니다. 근본적인 불안정서감을 해결하고 강박의 고리에서 벗어났던 저의 경험에 대해서는 차츰 이야기하도록 하겠습니다.

그 방법 중 가장 기본적이며 필수적인 것이 강박사고에 대한 정확한 이해이기에 강박사고와 강박행동에 관해 설명을 드렸습니다. 저의 글을 통해 강박사고와 강박행동의 원리를 제대로 이해하시고, 그 이해를 선두에 세워 강박프로그램에 딸려가지 않을 수 있도록 스스로 제어할 수 있는 능력을 갖추어 나가시기를 바랍니다.

> ※ 실제로 몸을 움직여 불안을 해결하려는 강박행동과 같이 생각을 통해 강박사고를 해결하려 하는 행위들도 강박행동에 해당이 됩니다. 그래서 자신이 생각으로 강박행동을 실행하고 있는 것은 아닌지도 잘 살펴서 견제하셔야 합니다.

2) 재양사고

☑ 재양사고란?

재양사고란 '파국적사고' 혹은 '부정적사고'라고도 하는데 자신이 경험하는 것들에 대해 항상 최악의 결과를 예상하고 떠올려 불안해하고,

두려워하며, 그러한 일이 지속적으로 일어날 것이라고 믿는 왜곡된 인지 현상 중 하나입니다. 이러한 인지 왜곡 현상은 비합리적인 생각에서 기인하는 것으로 보통 불안장애나 공황장애 환우에게서 자주 나타나는 증상입니다. 불안장애 환우분들이 가장 쉽게 이해하고 떠올릴 수 있는 재앙사고의 예로는 공황발작이나 강한 심장 두근거림 등의 증상이 신체에서 나타날 때 '이거 심장마비 증상 아니야? 나 이러다 심장마비로 죽는 거 아니야?'라는 생각을 떠올리며 과도하게 불안해하는 것을 들 수 있습니다. 저도 공황발작과 심장 두근거림 증상을 많이 경험했고, 그럴 때마다 자동적으로 따라오는 심장마비와 관련된 재앙사고로 인해 두려워했던 경험이 많이 있습니다.

☑ 재앙사고 대처하기

• • •

내용은 의미 없다

다양한 재앙사고는 사실 그 내용만 다를 뿐이지 결론적으로는 자신이 항상 최악의 상황에 놓이는 결말을 전제로 합니다. 이 역시 불안장애의 병적인 불안이 프로그램을 그렇게 설정해 놓은 것입니다.

불안장애라는 병은 태어나면서 병의 발생 시기까지 자신의 무의식에 억압되어 쌓여 있던 아픈 상처에 대한 기억, 좌절된 욕구, 억눌린 감정과 생각, 충격적인 사건과 사고, 사랑받지 못한 기억 등과 같이 제

때 해소되지 못한 억압된 에너지들이 그 무게를 견디지 못하고 폭발하듯 분출된 것이 다양한 증상으로 나타나는 것입니다. 우리가 자각할 수 있는 의식으로는 알아차리기 힘든 무의식 영역이 사람 전제 의식의 90퍼센트를 차지한다고 하니 무의식에 저장된 우리의 기억들은 우리의 의식으로는 결코 알지 못할 정도로 방대할 것입니다. 그렇게 방대하게 억압된 것들이 감당할 수 없는 수준에서 표출이 되다 보니 나타나는 증상들 또한 당연히 부정적이고 힘든 것들일 것이지, 긍정적이고 기쁜 것들은 아닐 것입니다. 저는 강박사고를 오래 앓아오면서 '그런 부정적인 에너지들이 생각의 형태로 나타날 때는 어떤 모습일까?'라는 것에 대해 많이 숙고해 보았습니다.

당연히 자신의 뇌에 저장된 기억 중에서 가장 부정적이고 가장 위험하며 가장 좋지 않은 것들로 설정이 될 것입니다. 저는 이런 생각을 하며 제가 경험하고 있던 재앙사고들이나 다른 증상들을 좀 더 차분히 받아들일 수 있었습니다. 저는 네다섯 가지의 재앙사고가 고착화된 고질적인 강박사고들과 몇 년 동안 함께했습니다. 그때는 재앙사고라는 것이 무엇인지도 몰랐고, 어떻게 대처해야 하는지도 몰랐기 때문에, 재앙사고가 설정해 놓은 프로그램에 속아 딸려 갈 수밖에 없었습니다. 재앙사고의 원리와 그 대처법에 대해 미리 알았다면 재앙사고를 강박화 시켜 그렇게 오랫동안 함께하지 않아도 되었을 텐데 말입니다. 하지만 지금 이렇게 말할 수 있는 것도 제가 오랫동안 재앙사고를 이론이 아닌 실전에서 경험하며 그 원리와 대처법을 직접 몸으로 터득하고 극복해 냈기 때문일 것입니다. 이러한 과정을 통해 알게 된 사실 중 하나는 재앙사고의 내용은 아무 의미 없다는 것이었습니다.

앞에서도 설명해 드렸지만, 무의식에서 분출된 부정적인 에너지가 자신의 치유를 위해 선택한 하나의 길이 '재앙적 결말'을 이미 결론으로 설정해 둔 재앙사고라는 프로그램인데, 이 프로그램은 무의식의 목적인 치유가 제대로 이루어질 때까지 계속해서 가동될 것이기에 하나의 재앙사고가 사라져도, 내용만 다른 각종 재앙사고를 계속해서 만들어 냈습니다. 이 사실은 지금 겪고 있는 재앙사고가 사라지면 모든 게 끝날 거라는 저의 기대를 산산조각내며 실망과 좌절을 안겨 주었고, 아무것도 몰랐던 저는 계속해서 나타나는 재앙사고에 속아 그들이 의도하는 대로 움직일 수밖에 없었습니다. 그 재앙사고가 진실인 양 불안해하고 두려워했으며 회피하기도 했습니다. 하지만 오랜 시간 많은 재앙사고를 겪으며 저도 이들을 차츰 알아 가게 되었는데 그들은 동일한 패턴으로 나타나고 동일한 패턴으로 흘러가고 동일한 패턴으로 귀결된다는 것이었습니다. 내용만 다를 뿐이지 결과적으로는 같은 흐름을 타고 가는 것이었습니다.

그 후 저는 내용만 달리해서 나타나는 재앙사고에 의미를 부여해서 일일이 반응하는 것은 아무 의미 없다는 것과 일일이 반응할수록 재앙사고의 프로그램에 더 속박된다는 것을 알게 되면서 내용이 어떠하든 상관없이 동일한 재앙사고라 정리하며 무시해 갈 수 있었습니다. 멈추고 무시하다 보면 재앙사고는 점차 그 존재감이 약해지며 나와 멀어집니다. 여러분들도 어떤 재앙사고가 나타나더라도 '내용은 아무 의미 없다.'라는 사실을 즉각적으로 떠올려 무시하시고, 모든 재앙사고의 머리에 올라서서 재앙사고를 관리하는 관리자가 되시길 바랍니다.

내가 관리자가 되어 조절하고 무시하기

내가 관리자가 되어 조절하고 무시한다는 것은, 첫째, 나의 머리에서 현재 나타나고 있는 불안하고 두려운 생각이 재앙사고라는 사실을 자각하고, 둘째 재앙사고의 프로그램은 자동으로 나타나고 자동으로 흘러간다는 사실을 자각하고, 셋째 재앙사고의 내용은 아무 의미 없다는 사실을 자각하고, 마지막으로 재앙사고가 더 이상 진행되고 흘러가지 않도록 멈추고 반응하지 않고 무시한다는 것을 의미합니다. 무시하다 보면 사라집니다. 아무 의미 없는 재앙사고 하나하나에 일일이 빠져들어 반응하다 보면, 자신이 안고 가야 할 재앙사고만 점점 더 늘어날 뿐, 재앙사고와의 이별과는 점점 더 멀어진다는 사실을 꼭 기억하셔야 합니다.

무시하면 사라진다는 말이 잘 받아들여지지 않고 잘 이해가 되지 않는 분들도 계시겠지만, 우리의 뇌는 우리가 받는 모든 자극에 대해 반응하며, 해당하는 자극에 대한 하나의 뇌 회로를 우리의 뇌 속에 만든다고 합니다. 이렇게 만들어진 뇌 회로는 해당 자극이 반복해서 주어질수록 더 강하고 견고해져 반응도 더 빠르고 자동적으로 나타납니다. 하지만 반대로 우리가 어떤 자극에 대해 반응하지 않거나 무신경하게 대하거나 자주 떠올리지 않으면 기존의 견고한 뇌 회로도 점점 약해지고 종국에는 사라진다고 합니다. 이 말은 우리가 재앙사고에 반응하지 않고 무신경하게 대하며 무시하다 보면 재앙사고의 뇌 회로도 시간이 흐를수록 점점 약해지며 사라진다는 것을 의미합니다. 이것은 재앙사고뿐만 아니라 불안장애의 모든 증상에 해당하는 것이기도 합니다. 그러니 무시하고 또 무시하십시오.

• • •

뇌 가소성의 원리에 의한 무시하기

'뇌 가소성', '신경 가소성'이란 말을 들어보신 적이 있으실 겁니다. 뇌가 외부에서 들어오는 자극의 성질에 따라 스스로 구조와 기능을 변화시키는 것으로, 이미 구축된 뇌 회로가 받아들이는 정보에 따라 그 구조와 기능이 강화되거나, 약화되면서 새롭게 재형성되는 것을 말합니다. 우리가 재앙사고는 물론 불안장애의 모든 증상을 극복하기 위해 실천해야 하는 무시하기라는 방법도 이러한 뇌 가소성의 원리에 의해 이루어지는 극복방법입니다. 제가 개인적인 이유로 '감각 및 지각 심리학'이라는 강의를 들은 적이 있습니다. 그 강의를 통해 '신체지도 가소성'이란 것에 대해 알게 되었는데, 우리의 뇌 겉질 에는 손, 발, 손가락, 얼굴, 코, 등 모든 신체 부위에 반응하는 특정 영역들이 존재한다고 합니다.

그 영역들을 '신체지도'라 하고, 이 신체지도에서도 신체지도 가소성이 발견되었는데, 인간이 신체의 특정 부위를 지속적이고 반복적으로 사용할 경우, 신체지도상의 그 특정 부위에 해당하는 영역도 같이 커진다고 합니다. 쉽게 말해 오른손잡이인 저는 오른손을 왼손보다 훨씬 더 많이 사용하기에 제 뇌 겉질의 신체지도상에도 오른손에 해당하는 영역이 왼손에 해당하는 영역보다 크다는 것이겠지요.

결론은, 우리의 뇌는 우리가 길들일 수 있다는 것입니다. 우리가 원하는 대로, 우리가 노력하는 대로 만들어 갈 수 있다는 것입니다. 무시하기는 아무 의미 없이 주먹구구식으로 행해지는 대처법이 아닙니다. 뇌 가소성의 원리에 의한 매우 과학적인 극복 방법이니, 재앙사고나 다른 증상들이 나타날 때 이러한 내용을 머리에 떠올리신다면 무시하기가 훨씬 더 쉬워지실 겁니다.

· · ·

재앙사고를 제대로 볼 수 있도록
매 순간 탐구하자

제가 처음 발생한 공격적 강박사고를 통해 강박사고의 발생과 소멸까지의 일대기를 경험해 보니 그 전체적인 맥락이 한눈에 그려졌습니다. 그렇게 된 데에는 강박사고의 발생과 진행되어 가는 과정, 강박사고가 진행 중일 때의 저의 신체와 정서의 반응, 제 생각의 흐름 등을 세세하게 관찰하고 알아 가며 기록한 노력이 있었기 때문입니다.

첫 번째 재앙사고 발생 후 그것이 강박사고가 되어 있는 중에도 계속해서 두 번째 세 번째 재앙사고가 차례대로 발생했고, 충분하고 완벽하게 대처할 수 없었던 저는 그 재앙사고들까지 강박화 시킬 수밖에 없었습니다. 하지만 다행인 것은 첫 번째 재앙사고가 나타난 시기와 두 번째 재앙사고가 나타난 시기 사이에 시간 간격이 있었고, 그 시간 동안 첫 번째 재앙사고가 고착화된 강박사고가 조금씩 약해져, 좋아지는 과정에 있었다는 것입니다. 그 과정에서 저도 재앙사고에 대해 더 많이 탐구하며 더 많은 걸 알게 되었고, 새롭게 알게 된 내용과 좋아지는 과정을 놓치지 않고 기록해 갔습니다. 매 순간 차분한 의식으로 머리와 신체, 정서에서 나타나는 현상들을 바라보았습니다. 보고 알아갔습니다. 저의 경험과 재앙사고에 대한 지식이 늘어 갈수록, 새롭게 발생하는 재앙사고를 대하는 저의 태도에도 여유가 생겼습니다.

여유가 생겼다고 해도 재앙사고의 부정적인 영향력은 너무나 크고 힘들었습니다. 그래도 처음처럼 쉽게 빠져들거나 속지 않았고, 재앙사고의 프로그램에 딸려갈 일도 점점 더 줄어 갔습니다. 저의 많은 재앙사고가 고착화된 강박사고들은 발생 순서대로 순차적으로 좋아졌고, 최초의 강박사고가 완전히 좋아지면서 저는 강박사고의 발생과 소멸의 긴 과정을 볼 수 있게 되었습니다. 어떠한 것에도 의지하지 않고 불안장애가 나타내는 생각 증상들을 있는 그대로 오롯이 보고 겪으며 오로지 제힘만으로 이루어 낸 결과였습니다. 그 전에 약물 복용을 통해 증상이 깨끗이 사라진 적도 있었지만, 그때는 이러한 과정을 볼 수 없었고 보려고도 하지 않았기 때문에 오로지 저의 힘만으로 이러한 사실을 알아낸 성과는 저에게 있어 매우 값진 것이었습니다.

또 재앙사고가 고착화된 강박사고의 발생과 소멸의 과정을 볼 줄 알게 되니, 아직 남아있는 강박사고의 진행 단계가 어디쯤 와 있는지도 보였고, 어떻게 변해갈지도 보였습니다. 그리고 완전한 소멸까지의 소요 기간도 대략 그려졌습니다. 이렇게 볼 줄 아는 능력은, 제가 강박사고나, 재앙사고를 극복해 내는 과정에서 정말 중요한 역할을 했습니다. 재앙사고를 단순한 증상으로만 대할 수 있게 해주었고, 재앙사고에 빠져 헤매지 않고 앞으로 나갈 수 있게 해주었습니다. 계속해서 새로운 모습으로 나타나는 재앙사고의 속임수에 더 이상 속지 않고 올바르게 대처해 강박화 시키지 않을 수 있게 해주었습니다. 끝을 알기에 지금 진행 중인 재앙사고가 고착화된 강박사고에 속끓이지 않고 여유로운 마음으로 차분히 믿고 기다릴 수 있게 해주었습니다.

알지 못했기에 볼 수 없었다는 것을 알게 되었습니다. 볼 수 없었기에 그들이 펼쳐놓은 세상 속으로 빠져들 수밖에 없었다는 것도 알게 되었습니다. 그때 당시에는 저도 재앙사고들이 제 생각이라 여기며 살았지만, 지금 와서 돌이켜보면 제 생각으로 살아가고 있는 게 아니었습니다. 재앙사고에 세뇌된 로봇으로 살아간 것이지요. 세뇌된 로봇으로 살아가지 않기 위해서는 재앙사고가 진행 중일 때의 상황들을 꼼꼼하게 알아야 합니다. 몰아치는 급류에 속수무책으로 휩쓸려 가지 마시고, 지금, 이 재앙사고가 몰아치는 급류라는 것을 알아차리고, 그 급류에서 빠져나와 어디로 흘러가는지 어떻게 흘러가는지를 보셔야 합니다. 재앙사고라는 급류에서 빠져나와 나 자신이 육지에 서서 그 재앙사고라는 급류를 지켜보는 이미지를 상상하십시오.

재앙사고를 견제하기 위해, 도움이 되는 어떤 자기만의 이미지나 상상을 대입해 견제하는 방법은 매우 효과적입니다. 저도 재앙사고를 견제할 때 이런 이미지들이나 상상을 많이 이용했는데, 재앙사고가 나타날 때 제가 주로 사용했던 이미지나 상상을 떠올리기만 해도 쉽게 무시하기 모드로 돌입할 수 있었고, 비교적 그 상태를 흔들림 없이 안정적으로 유지해 갈 수 있었습니다. 이미지나 상상을 이용하면 재앙사고를 무시하는 것이 막연하지 않고 일목요연해지기 때문에 훨씬 더 쉽고 단순하게 처리할 수 있게 됩니다. 여러분들도 자신의 재앙사고 견제에 도움이 될 만한 상상이나 이미지를 이용해 재앙사고가 진행해 가려는 길목을 막아 방어하시면서, 불안감이나 두려움 같은 정서적인 반응과 신체에서 나타나는 다양한 반응을 함께 파악해 가시기를 바랍니다.

조용히 의식을 이용해 내 몸에 나타나는 다른 존재의 움직임을 감지 하듯 동요 없이 차분하게 그것들을 바라보며 파악해 가시면 됩니다. 동요하지 않고, 반응하지 않을수록 그들도 조용히 지나갈 것이기에, 최대한 투명 인간 취급하듯 대응해 주십시오. 그리고 재앙사고와 함께 파악된 정서와 신체의 현상들을 하나의 세트로 묶어 정리해 두십시오. 그러면 하나의 패턴을 발견하게 되시는 겁니다. 이렇게 정리된 패턴은 앞으로 나타나게 될 재앙사고를 견제하는 데 중요한 무기가 되어 드릴 겁니다. 왜냐면 그들은 항상 동일한 패턴으로 나타나니까요.

파악하실 때는 구체적으로 재앙사고의 생각들이 어떻게 나타나고 변화하는지, 재앙사고를 초기에 무시하지 못해 깊이 빠졌을 때는 신체 와 불안이 어떻게 반응하고 거세지는지, 반대로 초기에 빨리 진화했을 때의 불안과 신체 반응은 어떠한지, 이 생각을 진짜 내가 하고 싶어 하 는 것인지, 아니면 자동적으로 나타나고 있는 것인지, 잘 무시하고 있 는지 아니면 재앙사고에 휩쓸려 재앙사고와 관련된 특정 행동을 하거 나, 회피하고 있는 것은 아닌지 등도 모두 관찰하고 알아 가셔야 합니 다. 새로운 분야의 지식을 처음 배울 때처럼 학습자의 시선으로 자기 머리에서 일어나는 일들을 지켜보고 배우셔야 합니다. 고층 건물 옥상에 서서 교차로를 이리저리 횡단하는 차량의 흐름을 내려다보듯, 의식으로 자신의 머릿속 생각과 생각의 흐름을 보는 훈련을 하시고 그 습관을 들이셔야 합니다.

그리고 이왕이면 알아낸 사실들을 기록으로 남겨두십시오. 기록으로 남겨두면 새로운 재앙사고가 나타날 때 그 기록을 참고로 도움을 많이 받으실 수 있습니다. 불안장애가 완전히 극복되지 않는 한, 한번 발생한 재앙사고는 언제든 필연적으로 다시 나타나고, 새로운 재앙사고도 계속해서 나타나기 때문에, 언제든 적재적소에 이용할 수 있도록 도움 되는 모든 것들을 기록해 두십시오.

또 기록해 둔 정보들과 새로운 재앙사고의 경험으로 얻게 된 새로운 정보들을 비교해서 더 정확하게 알아 가시고, 직접 겪은 경험을 기억 속에 저장해 가십시오. 확인해 가십시오. 내가 알아낸 것이 정확한 것인지, 놓치고 있는 것은 없는지, 일반적인 생각과 재앙사고는 무엇이 다른지, 일반적인 생각이 나타날 때의 반응과 재앙사고가 나타날 때의 반응에는 어떤 차이가 있는지 등을 자세하게 기록하며 더 많이 알아 가십시오. 그래야 재앙사고가 제대로 보입니다. 저의 글로써만 알아 가지 마시고, 직접 여러분들의 경험으로 알아 가십시오. 제대로 파악이 되었다면 재앙사고가 항상 똑같은 패턴으로 움직이고 있다는 것을 발견하게 되실 겁니다. 그렇게만 되면 아무리 많은 재앙사고가 나타나더라도 '이건 재앙사고야.'라고 쉽게 알아차리고, 쉽게 무시할 수 있게 됩니다.

강박화 된 재앙사고는 발생과 소멸의 과정에 일련의 흐름이 있습니다. 재앙사고 발생 당시 강하고 두려웠던 불안감은 시간이 흘러감에 따라 점차 약해지며 긴장감으로 변하고, 긴장감은 다시 의식의 상태로 변해 점차 소멸의 길로 들어섭니다. 그 흐름은 후에 조금 더 자세하게 말씀드리겠지만 그 흐름까지 하나도 놓치지 말고 보고, 탐구하셔야 합니다. 재앙사고가 나타날 때 당황하거나 아무 대책 없이 있지 마시고 이렇게 알아 가는 노력을 하셔야 합니다.

이러한 노력이 처음에는 어렵고 복잡하고 힘들게 느껴질지도 모르지만, 실제로 조금만 익숙해지고 습관이 되면 어렵지 않게 할 수 있으실 겁니다. 그리고 이런 과정을 제가 글로써 풀어내다 보니 뭔가 지식을 쌓고 공부를 거창하게 해야만 할 것 같은 부담감이 들 수도 있으실 겁니다. 하지만 전혀 그렇지 않습니다. 이 과정은 그냥 순간순간 자기 머리와 몸, 마음에서 나타나는 현상들을 알아차리고, 변화를 찾고, 다름을 찾고, 결과를 찾아가는 과정일 뿐입니다.

그 과정에 최대한 도움이 될 수 있도록 제가 최대한 상세하게 글로 서술하다 보니 복잡하고 거창하고 어렵게 보일 수 있지만, 전혀 그렇지 않다는 점 다시 한번 더 말씀드립니다. 충분히 익숙해지면 쉽다는 생각까지 들 수 있을 것입니다. 그러니 부담감 내려놓으시고, 이 병에 대해, 재앙사고에 대해 하나하나 천천히 알아 간다는 생각으로 편히 생각하셨으면 합니다. 어차피 재앙사고를 외부의 도움 없이, 나만의 힘으로 알아내고 처리할 수 있는 능력을 보유하고자 하시는 분들께서는 많은 시간이 필요하다는 것을 감안하시고, 마라톤 완주하듯 천천히 그리고 꾸준히 재앙사고를 배우고 익히고 관리하는 능력을 키운다는 점에만 주목하면서 가시면 될 것입니다. 그리고 이 능력을 보유하기만 하면 재앙사고의 발생 여부는 그리 중요하지 않습니다. 그때가 되면 이들은 내게 이미 아주 미미한 존재가 되어 있을 테니까요.

...

초기에 진화하기

재앙사고가 일어나는 시작점은 항상 순간적입니다. 이것은 후에 말씀드릴 병적인 염려가 발생할 때도 마찬가지입니다. 매우 순간적이고 갑작스럽습니다. 절대 의도적이지 않습니다. 당연히 앞에서 말씀드린 대로, 투쟁-도피 반응에 의한 자동적 현상이기 때문입니다. 그래서 아무 생각 없이 밥을 먹고 있을 때나, 엘리베이터를 타고 집으로 올라가고 있을 때, 영화관에서 영화를 관람하고 있을 때 불쑥 예고 없이 나타납니다.

저의 경우 2009년 공격적 강박사고가 처음 나타났을 때가 엘리베이터를 타고 아무 생각 없이 집으로 올라가던 평범한 순간이었습니다. 그때는 이 병의 존재를 전혀 모르는 백지상태였으니 제가 얼마나 두렵고 당황스러웠을까요. 그리고 2013년 공격적 강박사고의 재발은 남편과 연애 시절 영화관에서 '감시자'라는 영화를 관람 중에 갑자기 나타났습니다. 볼펜으로 상대방을 공격하는 영화의 한 장면이, 갑자기 남편에게 향하는 공격적 강박사고로 돌변하면서요.

그때는 남편과 연애 초기 시절이라 저는 남편에게 빠져 있었고, 같이 있는 것만으로도 설레고 좋았습니다. 그날은 남편 친구 그리고 제가 아는 친한 동생과 넷이 함께 차를 마시고 2차로 영화관에서 영화를 관람하며 너무나 즐겁고 행복한 시간을 보내고 있던 때였습니다. 그런데 뜬금없이 그런 잔인한 생각이 난다는 것은 너무나 비현실적인 일이었습니다. 2009년 첫 발병 이후 약물 복용의 좋은 결과로 저의 공격적 강박사고와 불안은 말끔해진 상태였고, 절대 다시 나타날 거라고는 전혀 상상도 하지 못한 일이었는데, 공격적 강박사고는 2013년 그날 또 그렇게 다시 제 앞에 나타난 것입니다. 꿈에도 생각하지 못한 일이었습니다. 너무나 절망스러웠습니다. 하필 이렇게 행복한 순간에 저를 그렇게 괴롭혔던 공격적 강박사고가 왜 다시 나타난 것인지, 저의 현실이 너무나 가혹했습니다. 하지만 공격적 강박사고는 너무나 잔인하게도 저의 그런 절망스러운 심정에는 아랑곳하지 않고 점점 더 저에게 다가왔습니다.

잔인한 행위를 실제로 실행할까에 대한 불안과 두려움이 다시 소리 없이 저의 정서에 시커멓게 번져 갔습니다. 차갑고 무거운 어둠의 그림자가 저의 영혼에도 서서히 물들어 갔습니다. 마치 물속에 떨어진 시커먼 먹물 방울이 맑고 영롱한 물을 서서히 잠식해 가듯이요. 저의 밝았던 마음에도 공포와 두려움이 서서히 번져 갔습니다. 심장은 미친 듯 두근거렸고, 뒷골이 싸해지며 온몸이 차갑게 식어갔습니다. 또 저만의 그 공포의 세상 속으로 빠져들고 있었습니다. 그렇게 시작된 두 번째 공격적 강박사고와의 만남은 다시 저의 병적인 불안을 활활 부활시켰고 저는 이후로 오랜 시간 동안 그들과 함께해야 했습니다. 2013

년 공격적 강박사고가 두 번째로 저에게 뿌리를 내리려 할 때, 제가 이 것은 '강박사고야.'라고 바로 알아차리고, 그것이 만들어 내는 두려움과 불안도 자동적이라는 것을 알아차리고 그것에 딸려 가지 않고 강하게 무시하면 금방 지나간다는 것도 알았다면, 그래서 이러한 모든 사실을 적재적소에 떠올려 제대로 방어할 수 있었다면 그 강박사고는 정말로 며칠이면 진화되어 강박사고가 되지 않을 수 있었을 것입니다. 일시적인 재앙사고로써 진화될 수 있었을 것입니다.

재앙사고는 초기에 나의 머리에 침투해 올 때 매우 순간적이고 빠른 번개처럼 나타납니다. 강한 두려움과 불안을 안고 정말 번개같이 나타납니다. 이때 그 재앙사고의 내용이 실제로 재현될까 봐 진심으로 반응하고 두려워하고 불안해하면, 재앙사고와 불안은 우리가 반응한 만큼 생명을 얻게 되고, 그 순간은 우리의 뇌에 고스란히 그대로 각인이 됩니다. 자신의 반응으로 재앙사고를 스스로가 자신의 뇌에 고착시키는 것입니다. 잔잔했던 불안의 호수에 돌이 날아와 불안이 다시 급격하게 튀어 오른 겁니다. 그렇게 튀어 오른 불안은 강하게 표출되고, 다양한 신체 반응을 만들어 내며, 재앙사고의 일대기는 본격적으로 시작되는 겁니다.

재앙사고가 처음 번개처럼 우리에게 나타날 때 10이라는 강도의 불안을 가지고 나타났다면, 우리는 10만큼의 불안만 느껴야 합니다. 그리고 '이거 재앙사고야.'라고 알아차리고 무시하기를 통해 더 이상 커지지 않도록 진화해야 합니다. 하지만 재앙사고에 대해 아무런 지식이 없어서 재앙사고의 내용이 실제로 내게 나타난 재앙적 현실이라 여기고 내면 깊은 곳에서부터 강력한 불안과 두려움으로 반응하게 되면, 그 재앙사고는 재앙사고 자신이 가지고 온 10이라는 강도의 불안에 더해, 환우 자신이 진심으로 반응한 만큼의 불안이 더해져 고착됩니다.

자신이 앞으로 겪게 되어야 할 불안
=
(재앙사고가 애초에 가지고 온 불안 + 자신이 반응으로 만들어 내는 불안)

이라는 공식이 성립되는 것입니다. 쉽게 말해 내가 반응하는 만큼 재앙사고와 불안은 강해지고, 강해진 만큼 약해지는 데 시간이 오래 걸리기 때문에 나는 그만큼의 시간과 강도로 불안과 재앙사고를 더 겪어야 한다는 말입니다. 잠시 왔다가 지나갈 것이 내가 초기에 진화하지 못하고 붙드는 바람에 오래 머물게 된다는 말입니다. 그만큼 다시 진압하는데도 시간과 노력이 더 들어가야 한다는 말입니다. 그 모든 것을 어떻게 겪을지는 내가 어떻게 하느냐에 달려 있다는 말입니다. 이 사실을 아는 것은 정말 중요한 일입니다. 이 한 번의 대응을 어떻게 하느냐에 따라 나의 병이 처음부터 다시 시작될 수 있기 때문입니다. 다시 강한 불안이 나타나고 다시 강한 신체 증상들이 나타나서 다시 그들의 세계에 나를 세울 수 있다는 말입니다. 실제로 제가 2013년 재발 이후 앞에서 말씀드린 대로 재앙사고의 실체에 대해 알게 되면서부터는, 새롭게 나타나는 재앙사고를 두려움과 불안으로 대하지 않고, 단순한 증상으로 대할 수 있었습니다. 마음 깊이에서부터 반응하지 않고, 그냥 지나가는 구름처럼 흘려보냈습니다. 그랬더니 재앙사고들은 정말 구름처럼 지나갔습니다. 저의 상태가 많이 좋아졌을 때도 가끔 재앙사고가 나타나 저를 자극했지만 계속해서 지나가는 구름처럼 흘려보냈습니다. 이건 재앙사고라고 '라벨링'하며 저 스스로를 교육하고 정리하고 무시했습니다.

그랬더니 그들은 그냥 지나쳐 갔고 저에게 또 다른 재발을 만들어 내지 못했습니다. 저는 그렇게 계속 좋은 방향으로 걸어왔고 지금은 재앙사고와는 다른 영역에 와있습니다. 2013년 두 번째 재발이 찾아왔을 때 이러한 사실을 미리 알고 제대로 진화했다면 저는 오래도록 재앙사고가 고착화된 강박사고와 불안, 병적인 염려, 각종 신체 증상으로 힘들어하지 않았을 것입니다. 결과적으로는 그때 제가 제대로 대처하지 못했기 때문에 각종 재앙사고와 염려 그리고 불안, 더 나아가서는 저 자신에 대해 더 많이 알아 가고 배우는 좋은 계기를 가지게 되긴 했지만 말입니다. 또 저는 많은 환우분들이 이런 식으로 재발하시는 것을 자주 보아 왔습니다. 제가 2013년 재발 당시에 활동했던 인터넷 카페에서는 저처럼 공격적 강박사고로 고생하시는 분들이 잘 없으셨고, 대부분 신체적인 증상으로 힘들어하셨습니다. 또 그런 분들을 위한 공간으로 만들어졌고요. 그렇다 보니 카페에 올라오는 글 중 공격적 강박사고에 대한 내용의 글을 쓰는 사람은 저만이 유일했고, 저와 같은 증상을 경험하시는 분들이 그래서 저에게 대화나 상담 요청을 많이 해오셨습니다. 그분들은 대부분 모든 증상이 많이 좋아진 소강상태로 잘 지내시다가 갑자기 이러한 공격적 강박사고나, 다른 형태의 재앙사고의 발생으로 멘탈의 붕괴를 겪으시며 제게 도움을 요청해 오신 겁니다. 이런 식으로 재앙사고와 함께 다시 시작된 깊고 강한 불안이 환우분들의 삶에 침투해 그분들의 일상을 흔들어 놓는 것을 저는 너무 많이 보아 왔습니다.

제가 글로써 설명하는 내용들이 사실 말처럼 쉽게 행할 수 있는 것들은 아닙니다. 알아차리는 것은 비교적 쉬울 수 있지만, 그 재앙사고를 지지하고 있는 불안과 두려움은 쉽게 무시할 수 있는 영역의 정서는 절대 아닙니다. 그것은 너무나 비정상적이고 너무나 강하며 너무나 특별합니다. 너무 병적이라서 이 병을 앓기 전에는 경험해 본 적이 없는 수준의 불안이었습니다. 말처럼 정말 쉽게 무시할 수 있는 것이 아닙니다. 그럼에도 무시하셔야 합니다. 무시하다 보면 가능해집니다. 힘들지만 불가능한 것은 절대 아닙니다. 그게 가능했기 때문에 저도 극복을 이루고 현재 그에 대한 글을 쓰고 있으며, 하실 수 있다는 말씀을 자신 있게 드릴 수 있는 것입니다. 하셔야 한다는 말씀을 간곡하게 드릴 수 있는 것입니다. 처음에는 너무 힘들던 것도 하면 할수록 쉬워집니다. 인간은 적응적인 동물입니다. 하면 할수록, 겪으면 겪을수록 우리 뇌는 해당되는 자극에 둔감해집니다.

그러니 재앙사고가 나타나는 그 첫 순간을 알아차리십시오. 번개처럼 매우 순간적으로 나타나는 재앙적 생각과 불안이 나에게 올 때, 내 몸에서는 어떠한 변화가 일어나는지, 내 마음에서는 불안정서가 어떻게 요동치는지를 알아차리십시오. 머리에서 자동적으로 생성되고 진행되어 가는 그 생각의 흐름과 방향을 보고 알아차리십시오. 자석에 끌려가듯 내 생각이 재앙적 결론으로 딸려가고 있는 그 흐름을 알아차리고 보셔야 합니다. 내가 제어할 수 있는 나의 의식으로, 나와 내 생각이 아무 저항 없이 재앙사고라는 자석의 자력에 속수무책으로 딸려가고 있는 것은 아닌지를 확인하고 또 확인하셔야 합니다. 알아차리고 또 알아차리는 노력을 매 순간순간 하셔서, 자석에 딸려가고 있는 내 생각들을 알아차리고 일순간 멈추셔야 합니다.

병적인 불안이 만들어 내는 재앙사고는 일반적인 생각과는 확연히 구별됩니다. 동반되는 병적인 불안 역시 일반적인 정서와는 확연히 다릅니다. 그 사실을 꼭 기억하셔야 합니다. 어렵고 거창하지 않습니다. 동일한 패턴입니다. 그것을 알아차리는데 꼭 큰 노력을 하셔야 합니다. 그리고 알아차리셨다면 위에서 설명해 드린 대로, 최대한 영혼 없이, 무가치하게 무시하십시오. 투명 인간 취급하십시오. '너의 존재는 나에게 아무런 영향을 주지 못해. 너는 그만큼 나에게 가치 있지 않아.'라는 자세로 냉정하고 도도하고 차분하게 무시해 주십시오. 아무런 에너지 반응 없이 철벽같은 자세로 무시해 주십시오.

무시해야 재앙사고는 나에게 다시 기생하지 않고 그대로 사라진다는 사실을 떠올리십시오. 내가 지금 여기에서 무시하지 못하면 다시 시작된다는 것을 스스로 계속해서 상기시키십시오. 한쪽 머리에서 이러한 생각을 계속 가동해 재앙사고가 부리는 유혹에서 벗어나십시오. 재앙사고가 만들어 내는 일들은 절대 일어나지 않습니다. 그냥 불안하고 두려운 척하는 사고, 생각일 뿐입니다. 생각 차원에서의 일입니다. 절대 일어나지 않으니 안심하시고 무시하십시오. 또 무시하고 무시하십시오. 그래서 그들이 나를 다시 그들의 세상 속에 세우는 것을 막아

내십시오. 그래야 지금 있는 이 세상에 똑바로 서 있을 수 있습니다. 누구든지 하실 수 있습니다. 자신을 믿으세요.

🌸 라벨링에 대해

'라벨링'이라는 것은 제가 겪고 있는 재앙사고나 염려, 불안이나 생각, 감정에 이름을 붙여 저에게 스스로 행했던 인지 교육훈련이었는데, 이 역시 제가 이 병을 극복하는 동안 요긴하게 사용했던 매우 효과 좋은 기법의 하나입니다. 라벨링 하는 방법은 지금, 이 순간 재앙사고가 나타나는 것이 감지될 때 바로 '재앙사고'라고 단호하게 말하며 이름 붙여 정리하는 것을 말합니다. 불안이 나타날 때도, '불안'이라고 이름 붙여, 나 자신에게 스스로 인지시켜 주고, 그 실체를 나와 분리해 객관적으로 볼 수 있게 해줌으로써 올바르게 대처할 수 있도록 해줍니다. 염려, 우울, 짜증, 분노와 같은 감정들도 느껴지는 동시에 이름을 붙여 라벨링 해주면 그 감정들이 나와 분리되면서 보다 객관적인 상태에서 정리할 수 있습니다. 특히 후에 설명해 드릴 병적인 염려는 생각을 해결하려는 흐름을 타고 가고, 그렇게 유도하기 때문에, 알아차리고 멈추는 행위가 필수적이어야 하는데, 그때 아주 좋은 효과를 보실 수 있습니다.

...

재앙사고는 생각을 계속하도록
유도하는 생각 차원에서의 문제이다

저를 진짜 힘들게 했던 재앙사고가 고착화된 강박사고 중 또 하나는 공격적 강박사고가 저에게로 향하는 형태의 재앙사고였습니다. 하루 종일 '죽고 싶다.'라는 말이 계속해서 떠오르거나, 특정한 도구를 이용해 저 자신을 헤치는 형태의 두 가지 사고였습니다. 그 강박사고가 나타났던 때는 2014년으로 기억합니다. 저는 그때 2013년 공격적 강박사고의 두 번째 발병 이후 약물 복용과 함께 재발 극복을 위한 다양한 노력을 해 가고 있는 중이었습니다. 당연히 힘든 상태였습니다. 그때 갓 결혼한 남편과의 사이에 아기가 생겼습니다. 그리고 아기를 위해 약물 복용을 중단했습니다.

갑작스러운 약물 복용 중단은 저를 더 힘들게 했습니다. 약물을 갑자기 중단하게 될 경우 약물로 인해 약화 되어 있던 증상이 일시적으로 강하게 튀어 오르며 반동하기 때문에 모든 증상이 강하게 나타납니다. 저의 경험상 그 반응은 매우 화학적이었으며 더 비정상적이었습니다. 일정한 시간이 지나면 다시 안정되긴 하지만 반동 현상과 순수한 증상의 차이를 몰랐던 저는 속수무책으로 그 모든 증상에 휩쓸릴 수밖에 없었습니다. 그래서 약은 급작스럽게 중단하시면 안 되고, 항상 의사 선생님과 상의하여 진행하셔야 합니다.

그렇게 임신이 되었지만, 불행히도 아기는 임신 14주에 계류유산이 되며 저의 곁을 떠났습니다. 반짝이며 빛나던 아기의 심장이 더 이상 반짝이지 않았습니다. 초음파로 아기를 보시던 선생님도 말씀하기를 주저하셨습니다. 선생님도 난감하고 힘드셨겠지요. 제가 너무 불안정한 상황이었으니 아기가 엄마를 위해 떠나간 것 같았습니다. 저는 상실감과 슬픔, 반복되는 아픔으로 너무나 힘들었습니다. 너무 절망스러웠습니다. 2013년 다시 시작된 불안강박을 이겨 내려 안간힘을 쓰며 노력해 오던 제게 유산은 또 하나의 커다란 바윗덩이가 되어 저의 병을 또다시 강타했습니다.

원래도 어두웠고 무거웠고 감정의 미동도 크게 없었던 저의 정서 상태는 더 무겁고 차갑게 얼어붙었습니다. 2009년 첫 발병 때도 너무나 고통스러운 투병 기간을 보냈고, 약물 복용으로 증상이 개선되기도 했었지만, 2012년 제 인생 최고의 비극적인 사건이 일어나며, 저는 삶을 포기하고 싶을 정도로 힘들고 고통스러운 현실과 마주해야 했습니다. 하지만 현재 남편을 만나 다시 살아갈 힘을 얻으며 서서히 안정을 찾았고, 그 일에서도 서서히 회복될 수 있었습니다. 그리고 결혼도 했습니다. 하지만 행복도 잠시 2013년 재발이 되었고, 2014년 아기를 떠나보내는 아픔을 겪어야 했습니다. 저의 것들을 어떻게 다 말씀을 드릴 수가 있을까요. 고통스럽고 힘든 현실적인 문제와 더불어 병적인 불안과 각종 강박사고, 각종 증상과 함께했던 그 실시간의 고뇌와 감정과 고통을요. 그렇게 암흑 같은 하루하루를 보내며 어떻게든 제게 주어진 고난과 불안장애를 이겨 내 보려 안간힘을 쓰던 제게, 저를 향하는 두 번째 공격적 강박사고가 다름없이 번개처럼 나타난 것입니다. 너무 힘들고 고통스러웠습니다. 남편에게 향하는 공격적 강박사고도 여전히 남아있는 상태에서 나타난 저를 향하는 공격적 강박사고는 그렇지 않아도 힘든 저를 미친 듯이 뒤흔들어 놓았습니다.

제 상태가 힘든 상태였기 때문에 그것이 강박사고라는 걸 알아차리기가 쉽지 않았고 지식도 부족했고 경험도 부족했습니다. 저를 향한 공격적 강박사고가 저의 진심이라고 착각할 수밖에 없을 정도로 저의 현실적인 상태가 저를 향하는 공격적 강박사고의 내용과 너무 적합한 상태였습니다. 혼자 있던 어느 저녁에 갑자기 찾아온 저를 향한 공격적 강박사고는 그렇게 두 번째 강박사고가 되어 저에게 자리를 잡았습니다. 하루 종일 '죽고 싶다.'라는 말이 반복해서 떠오르는 유형의 강박사고는 주체할 수 없고 감당할 수 없는 불안감을 동반했습니다. 표현을 불안감이라고 하긴 하지만 그냥 너무 힘들다고밖에 표현할 수 없는 상태의 정서였습니다. 이 강한 불안감이 좀 약해지는 날에는 '죽고 싶다.'라는 생각이 나타나도 그나마 쉽게 무시할 수 있었지만, 그 동반되는 불안감이 강할 때는 정말 무시하기가 쉽지 않았습니다. 지금 당장 죽어야만 할 것 같은 자극적이고 충동적이고 강렬한 정서가 마음 안에서 엄청난 에너지 덩이로 저를 옥죄었기 때문에 서 있는 것조차 힘든 날도 있었습니다.

어느 날은 너무도 화가 났습니다. '나는 몇 해 전에 살점을 다 뜯어내는 듯이 고통스러웠고, 죽을 만큼 힘든 일도 이겨 냈는데, 그래서 이제 살만해졌는데, 그 일로도 나는 죽지 않고 살아냈는데 왜 죽고 싶다는 생각이 자꾸 나는 거야. 나는 비록 유산이라는 힘든 일을 겪었지만 그래도 사랑하는 남편이 있는데, 나는 전혀 죽고 싶지 않은데, 왜 죽고 싶다는 생각이 자꾸 나는 거야. 나는 정말 죽고 싶지 않은데 정말 죽어야 하는 거야? 나 정말 이대로 죽어야 하는 거예요?'라는 생각을 하며 정말 엉엉 울었습니다. 남편이 늦게 귀가하던 어느 날 저녁에 그렇게 바닥을 치면서 도대체 제가 뭘 더 어떻게 해야 하느냐고 하느님을 원망하며 울었습니다. 감정에 빠져 자꾸 울게 되면 불안이 강해지고 힘들어졌기 때문에, 웬만하면 힘들어도 울지 않았고 감정을 최대한 절제하며 지내던 저였는데, 그날은 하느님을 믿지도 않던 제가 그렇게 소리치고 원망하며 울었습니다. 혼자 베란다 한구석에 쪼그리고 앉아서 그렇게 울며 힘든 현실을 겨우 마주하고 있었습니다. 사실, 이 불안장애가 만들어 내는 너무나 강하고 힘든 강박사고와 불안 때문에 힘든 일이 생겨도 그 문제들로 아파하고 힘들어할 여유가 없었습니다.

그러다 생각해 보니 뭔가 좀 이상했습니다. 제가 정말 힘든 일을 겪었을 때 진짜 죽고 싶다는 생각을 진심으로 해본 적이 있었습니다. 그때의 그 생각은 현실적인 일이 너무 버겁고 힘들어 정말 삶을 포기하고 싶은 목적을 가진 생각이었습니다. 그런데 그때의 생각과 현재 반복해서 나타나고 있는 '죽고 싶다.'라는 생각을 비교해 보니 너무나 달랐습니다. 그때는 이러한 충동적이고 강렬하고 가슴을 옥죄는 듯한 불안이나 긴장감과 같은 에너지가 없었습니다. 하루 종일 '죽고 싶다.'라는 말이 반복되어 나타나지 않았습니다. 특정한 문장이나 단어, 생각의 문제가 아니었습니다.

진짜 현실적인 문제로 인해 죽고 싶다는 생각이 들었을 때는 그 현실적인 문제가 죽고 싶다는 생각의 동기였지만, 이것은 뭔가 이상했습니다. 그래서 이 강박사고가 일어날 때를 차분히 살펴보았습니다. 그리고 강박사고의 충동적인 힘이 생각을 계속하고 싶게 만드는 것이라는 사실을 알아차릴 수 있었습니다. 그 충동은 생각을 계속하도록 유도하는 것이지, 그 행동을 실행에 옮기도록 유도하는 것이 아니었습니다. 그냥 그 생각이 자꾸 하고 싶어지는 것이었습니다. 그 생각에 계속 집착하도록 유도하는 것이었습니다. 그리고 병적인 불안감이 강하게 동반될 때는 그 생각도 더 크고 강하고 현실감 있는 충동으로 느껴졌지만, 그 정서가 약할 때는 전혀 그렇지 않았습니다. 이 차이만 보더라도 이것은 비정상이었고, 일반적인 생각이 아니었습니다.

그 후로는 이러한 충동적인 강박사고가 나타날 때, '이것은 생각을 자꾸 하도록 유도하는 에너지이지, 실제로 행동하도록 유도하는 에너지가 아니야. 이것은 그래서 생각 차원의 생각 증상이야. 그저 생각이고, 그저 증상일 뿐이야.'라고 견제하며 무시할 수 있었습니다. 그 후로도 오랜 기간, 이 강박사고와 함께했습니다. 하지만 강박사고에 대해 객관적인 견제가 가능해지자 무시하기는 훨씬 쉬워졌습니다. 불필요한 생각이나 감정을 일으키지 않을 수 있었고 그저 이것은 '강박사고이고 증상일 뿐이야.'라고 덤덤하게 받아들이며 대처할 수 있었습니다. 내 머리와 몸에서 일어나고 있는 일이었지만, 그것들을 나와는 별개의 존재로 대하려 노력했습니다. 혼란기를 겪고 이 강박사고에 대해 정확하게 파악이 되자 빠르게 태도를 전환할 수 있었습니다.

빠르게 심리적 안정을 찾았고 차분하게 무시하기를 할 수 있었습니다. 그러고는 시간에 맡겼습니다. 강박사고가 있든 없든 없는 듯이 생활했습니다. 절대 아무런 감정적인 동요나 생각의 반응 없이 투명 인간처럼 대했습니다. 그렇게 대하며 시간을 보내다 보니 강박사고는 알아서 점차 약해지며 사라져 갔습니다. 무시해야, 관심을 두지 않아야, 의식을 두지 않아야 사라진다는 것을 너무 잘 알고 있었기 때문에 최대한 그렇게 대하려 노력했습니다. 내가 지금 어떻게 대하느냐에 따라 강박사고의 생명력이 달라진다는 것을 알고 있었습니다. 모든 것을 알아차리고 객관화하고 체계적으로 처리하려 노력했습니다. 생각은 우리 자신과 너무 밀착해 있기 때문에, 철저하게 분리해 체계적으로 정리하지 않으면 해결하기가 너무 어렵습니다. 특히나 재앙사고나 염려 같은 병적인 불안이 유발하는 생각 증상들은 체계적으로 관리하고 대처하지 않으면 극복할 수 있는 길이 너무 멉니다. 체계적으로 관리를 해야 무시하기도 쉽고, 무시해야만 소멸시켜 갈 수 있습니다. 무시하다 보면 사라집니다. 체계적인 관리를 함에 있어, 내게 일어나는 모든 증상과 생각, 감정들을 알아차리고 그것들에 이름을 붙여 주는 라벨링 기법이 매우 큰 도움이 되었습니다.

. . .

재앙사고는 환우를 둘러싼 세계를
재앙사고의 요소들로 채운다

지금 와서 생각해 보면 온갖 재앙사고들이 저에게 찾아왔다가 사라진 것 같습니다. 그중에 저의 죽음과 관련된 재앙사고들은 부정적인 꿈을 꾼다거나 불길하다고 여겨지는 징조를 보면서(까마귀가 유난히 많이 울거나 그릇이 깨지거나 하는 등) 많이 나타나기도 했습니다. 검은색 옷을 입고 외출하는 날에는 '내가 혹시 오늘 죽으려고 검은색 옷을 입게 된 건가?'라는 말도 안 되는 재앙사고가 자동적으로 떠오르기도 했습니다. 병적인 불안이 없는 사람들도 '오늘 뭔가 좀 안 좋은 일이 생기려나?'라고 하는 정도로 불길한 생각은 누구나 할 수 있습니다. 하지만 병적인 불안이 만들어 내는 재앙사고는 그 정도로 평범한 수준에 그치지 않습니다. 병적인 불안이 만들어 내는 재앙사고는 환우의 세계를 온통 자신의 관점으로 장악해 버립니다. 그래서 환우는 재앙사고의 눈으로 세상을 바라보고 해석하고 받아들여지는 경험을 하게 됩니다.

언제가 남편과 차를 타고 외출하는 길에 있었던 일입니다. 한참 차를 타고 가다 우연히 차도 옆 2층 주택 집 옥상에 널려있는 하얀 천을 무심코 보게 된 적이 있습니다. 그때 정말 순간적이고 자동적으로 바람에 펄럭이고 있는 그 하얀 천이 저의 죽음을 예고하는 암시라는 생각이, 한 컷의 이미지로 모든 의미를 함축한 채 떠올랐습니다. 물론 특유의 불안감을 동반해서요. 절대 의도하지 않은 자동적이고 순간적인 반응이었습니다. 알면서도 기가 막혔습니다. 라디오에서 흘러나오는 의미 없는 누군가의 멘트도 저의 죽음을 예고하는 것 같았습니다. 그 라디오 디제이가 저를 알지도 못할 텐데 말입니다. '편히 쉬십시오.'라는 누군가의 인사말도 저의 죽음을 의미하는 것 같아 두렵고 불안했습니다. 저도 그 말을 쉽게 사용할 수 없었습니다. 정말 기막힌 현상들이었습니다.

아무렇지도 않게 했던 머리카락을 자르는 행위나 손톱을 다듬는 일도 마치 저의 죽음과 관련된 행위로 자동적으로 연상되었습니다. 모든 게 너무나 순간적이고 자동적이어서 이것이 하나의 '현상'이라는 걸 알지 못하는 환우는 그 재앙사고가 만들어 놓은 세상 속에서 공포에 떨 수밖에 없습니다. 충분히 자각하고 견제할 수 있는 지식이나 힘이 없는 분들은 오히려 이러한 현상 때문에 자신이 겪고 있는 재앙사고가 실제일 거라고 더 강하게 믿게 되기도 합니다. '이거 봐, 이 불안한 상황이 진짜로 일어날 거기 때문에 이런 징조들이 나타나는 거야.'라고 생각하며 불안에 떨면서요.

하지만 이 역시 병적인 불안이 만들어 내는 허상의 현상이라는 걸 아셔야 합니다. 재앙사고가 나타나면 모든 것이 재앙사고와 관련된 것들로 보이게 되고 들리게 되고 느껴지게 된다는 것을 아셔야 합니다. 내가 지금 겪고 있는 현상이 정상적이지 않다는 것을 알고, 두려움이나 놀람 불안과 같은 내적 반응을 일으키지 않으셔야 합니다. 무시하셔야 합니다. 무시함이란 이러한 현상이 모두 재앙사고와 관련된 것임을 알아차리고 무심하게 내 관심 영역 안에서 밖으로 추방한 후 아무 일 없었던 듯 지금 하는 일을 계속해 나가는 것을 말합니다. 그렇게 무시하시면 됩니다. 그냥 저 하늘에 떠 있는 구름을 보고 무심히 지나치듯 그러한 현상이 나타나고 있다는 것을 알기만 하고 무심하게 그저 흘려버리세요. 아무런 내적인 반응 없이 흘러가게 내버려 두면 이러한 현상도 다 사라집니다.

아는 것은 정말 중요합니다. 계속해서 강조해 드리지만 제대로 알아야 제대로 처리할 수 있습니다. 알고 모르고의 차이는 출발점이 달라진다는 것을 의미합니다. 잘못된 출발지에서 출발하면 정확한 목적지에 도달할 수 없습니다. 제대로 알고 무시하셔야 합니다. 그리고 항상 깨어 있으셔야 합니다. 항상 내가 병적인 불안을 보유한 사람이라는 걸 인정하시고 재앙사고의 증상들이 이런 식으로도 나타난다는 것을 알고 계셔야 합니다. 이렇게 무시하다 보면 생각은 자연스럽게 원래 있던 본래의 상태로 돌아갑니다. 평범한 생각으로 돌아갑니다. 내가 애쓰지 않아도 평범해집니다.

. . .

재앙사고의 일은
절대 현실화되지 않으니 직면하자

재앙사고를 경험하시는 분들은 모두 자신에게 나타나고 있는 재앙사고의 재앙적 상황들이 실제로 일어날까 봐 불안해하고 두려워하십니다. 강박사고는 앞에서도 설명해 드렸듯이 재앙사고나 병적인 염려가 일회성으로 끝나지 않고 계속 반복되어 고착화된 상태를 말합니다. 그래서 제가 설명을 해드릴 때 재앙사고나 강박사고라고 표현을 달리해도 근본적인 형태는 같다고 생각하고 이해하시면 됩니다. 똑같은 재앙사고나 불안염려가 일회성으로 끝나느냐 아니면 반복적으로 계속되느냐의 차이입니다. 제가 경험했던 또 다른 재앙사고를 예로 들어 보겠습니다. 이것은 '고층 건물'과 관련된 재앙사고였습니다. 이 재앙사고도 많은 분이 흔하게 경험하시는 재앙사고의 한 유형입니다. 그 내용은 제가 고층 건물에서 뛰어내리는 충동적인 생각이 순간적으로 떠오르며 실제로 뛰어내릴까 봐 불안하고 두려운 재앙사고였습니다.

뛰어내리고 싶다고 느껴지는 충동이 앞에서도 말씀드린 것처럼, 뛰어내리는 생각을 계속하도록 만드는 충동이었다는 것을 이 재앙사고를 통해서도 확인할 수 있었습니다. 이 재앙사고는 2015년에 처음 생겼던 것으로 기억이 됩니다. 그때는 제가 2014년 첫 번째 유산 후 일 년 뒤 비슷한 시기에 두 번째 임신을 하게 되었지만, 6개월 뒤 또다시 유산을 하게 된 때였습니다. 2015년에는 비교적 저의 불안과 강박사고들이 많이 좋아진 상태였는데, 건강하게 출산하기만을 기다렸던 임신 6개월째의 갑작스럽고 충격적인 유산으로 인해 저는 또다시 각종 증상의 강타를 맞으며 점점 더 힘들어지게 되었습니다. 분명히 너무나 힘든 상황이었지만 사람이 힘든 일을 자꾸 겪으면 강해진다더니 저도 저 자신도 모르는 새 강해졌던 건지 그때는 그 상황을 의연하게 받아들이고 있었습니다. 그동안 제 병의 치료를 위해 읽었던 많은 책의 좋은 글들이 머릿속에서 주문처럼 떠올라 저를 스스로 위로하며 안정시키고 있었습니다. '곧 증상이 강하게 나타나겠지. 내가 힘든 감정에 빠져서 허우적대고 있으면 증상은 나를 더 강하게 밀어붙일 테고, 나는 더 힘들어지겠지. 내가 여기서 멈추면 그동안 해온 노력이 다 원점으로 돌아가겠지. 그래, 결코 여기서 멈출 수 없어. 이미 일어난 일은 되돌릴 수 없어. 지금까지 해 온 거 마무리는 지어야지.'라는 생각들로 저 자신을 이끌어 가고 있었습니다.

그 몇 해 전에 저는 더 크고 고통스러운 이별을 했습니다. 살점을 뜯어내는 것 같았고 울다가 쓰러져 죽을 것 같았던 그 상실감과 슬픔과 아픔은 어떻게 표현할 길이 없을 정도였습니다. 감정에 조금만 더 빠져버리거나, 정신을 조금만 더 놓아버리면 저도 모르게 저를 스스로

놓칠 것만 같았습니다. 너무 아슬아슬했습니다. 그래도 살아야 한다는 본능으로 감정에 빠지지 않는 법을 배웠고, 지나간 일을 흘려보내는 법을 배웠습니다. 지나간 일을 붙들고 있는 것은 저를 놓치는 쪽으로 스스로 끌고 가는 어리석은 짓이라는 것을 배웠습니다. 이미 지나간 일은 절대 돌이킬 수 없다는 사실과 또 지나간 일에 붙들려 있는 것은 다가올 저의 미래의 삶도 불행하게 만드는 것이라는 사실을 배웠습니다. 또 일어나야 할 일은 아무리 거부해도 일어날 수밖에 없다는 사실도 배웠습니다.

그 과정을 통해 이미 갑작스러운 이별에는 좀 단련이 되었던 듯합니다. 아빠도 갑작스럽게 저를 떠나신 것처럼, 모두 그렇게 갑작스럽게 저를 떠났습니다. 그래서 더 의연하게 두 번째 유산을 받아들이기도 했던 것 같습니다. 그래도, 그렇다 해도 그 사실은 너무나 충격적이고 가슴 아프고 슬픈 일이었습니다. 상실감은 이루 말로 다 하지 못했습니다. 저를 비롯한 남편과 다른 가족들까지 모두 많이 울고 힘들어했습니다. 아직도 아가가 태어나 백일이 되면 입히라고 지인이 보내주신 백일 옷 한 벌을 버리지 못하고 있으니, 아가에 대한 제 무의식 속마음은 그만큼 애틋하고 아픈 모양입니다. 하지만 의식적으로는 정리를 해 갔습니다. 너무너무 가슴 아픈 일이었지만, 어차피 일어난 일은 돌이킬 수 없고 나는 살아가야 했기에 모든 걸 거부하지 않고 받아들였습니다. 그리고 앞으로 잘 살아갈 날만을 떠올리며 다시 저의 병 치유를 위해 감정을 추스르고 새롭게 나타난 강박사고와 불안을 이겨 내기 위해 노력했습니다. 그렇게 하는 것만이 불행한 제 삶에 대한 예의라고 생각했습니다. 이대로 끝난다면 제 삶은 정말 불행하기만 한 삶이 될 테니까요. 그건 저와 제 삶에 너무나 미안한 일이었습니다. 그렇게 되게 내버려 둘 수는 없었습니다.

그렇게 또다시 시작된 재앙사고는 제가 저희 집 베란다에서 뛰어내릴까 봐 불안하고 두렵게 만들었습니다. 이제는 이것이 재앙사고라는 것을 충분히 알고 있었지만, 재앙사고의 기본적인 불안과 두려움은 너무 강했습니다. 충격적이고 갑작스러운 사건이 저의 무의식에 또 엄청난 파동을 일으켰겠지요. 하지만 저는 그 기본적인 불안만 느끼자, 더 이상의 불안을 내가 스스로 만들어서 강화하지 말자고 이 악물며, 최대한 반응하지 않으려 노력했습니다. 집에 들어오기가 무척 두려웠습니다. 실제로 저와 같은 고층 강박을 경험하시는 환우분들 중에는 자신이 실제로 그런 행동을 할까 봐 두려워 저층으로 이사를 하시거나 고층에 가시기를 피하시는 분들도 많이 계셨습니다. 하지만 저는 피하지 않았습니다. 퇴근해서 집으로 들어갈 생각만 하면 미리 고층 강박 사고와 조건화된 불안이 함께 떠올랐습니다. 심장이 두근두근 요동쳤고 불안과 긴장감으로 머리와 온몸이 터질 것 같았습니다. 그 상태로 집 앞에 서면 무슨 엄청나게 위험하고 두려운 일이라도 감당해야 할 사람처럼 마음을 가다듬고 또 가다듬으며 집에 들어가야 했습니다.

죽음에 대한 공포와 두려움을 근근이 억누르고 드디어 문을 열고 집 안으로 들어서면, 저의 의식은 온통 베란다로 향했고 불안은 꿈틀꿈틀 살아 움직이며 저를 몰아세웠습니다. 어떤 날엔 베란다에 앉아 버텨보기도 했습니다. 하지만 아무 일도 일어나지 않았습니다. 그건 그냥 사고와 불안뿐이었습니다. 집에서 보내는 시간 동안엔 하루 종일 온 의식이 베란다로 가 있었고 불안도 보글보글 제 마음속에서 끓고 있었지만, 저는 아랑곳하지 않고 TV를 보고, 밥을 하고, 식사하고, 청소하며 하루하루를 보냈습니다. 정말 투명 인간 취급을 했습니다. (*직면이 반복되어 쌓이면 불안과 의식의 수준도 차츰 약해지고 줄어 들어갑니다.)

 '재앙사고야! 네가 나를 아무리 건드려도 나는 꿈쩍도 하지 않을 거란다.'라고 마음을 먹고, 그렇게 실제로 아무렇지 않게 말하기도 하면서, 남편과도 더 웃으며 재밌게 지냈고, 보란 듯이 제 생활을 더 누리고 살려 노력했습니다. 저의 집을 일부러 피하지 않았고, 똑바로 직면하여 온몸으로 부딪혀 이겨 내면서 그들이 펼치고 있는 불안과 두려움에 맞서 싸웠습니다. 재앙사고가 만들어 내는 두려움으로 인해 내가 그동안 잘해 왔던 것들을 결코 포기하지 않았습니다. 그것은 내가 재앙사고에 굴복하는 것이었고 내 삶 한쪽을 재앙사고에게 내어주는 것이었습니다. 그래선 이놈을 절대 이겨 낼 수 없을 테니까요. 나중에는 저의 집뿐만 아니라 다른 고층 건물에서도 재앙사고가 나타났습니다. 특히 여동생 집에 가야 할 일이 있으면 재앙사고와 조건화된 불안이 가기도 전에 먼저 떠올랐습니다. 재앙사고가 번져 간 것인데, 막상 여동생 집에 가서 부딪히면 또 그렇게 불안하지 않았고 재앙사고도 많이 나타나지 않았습니다. 그것이 우리가 재앙사고로 인해 느끼는 불안과 공포가 현실과 분리되어 있다는 증거였습니다. 실제로 고층 재앙사고가 현실적인 문제의 일이었다면, 여동생 집에 있을 때도 똑같은 불안과 공포가 나타났어야 했던 것이지요. 그래서 생각 차원의 문제이고, 증상의 문제라는 것입니다.

재앙사고를 극복하기 위해서는 그 재앙적인 상황을 피하지 말고 반복해서 노출하고 직면해야 합니다. 반복적인 노출과 직면이 있어야 우리 뇌에 잘못 연결되어 각인 되어 있는 재앙사고와 불안을 교정해 갈 수 있습니다. 재앙사고가 만들어 내는 두려움과 불안의 힘을 감소시켜 갈 수 있습니다. 머리와 마음에서 일어나는 생각과 불안을 우리의 몸이 앞장서서 끊어내 가야 합니다.

'머리에서만 나타나는 생각 증상일 뿐이야.' 혹은 '실제로 아무 일도 일어나지 않아.'라는 사실을 머리로만 아는 것이 아닌, 나의 몸으로 직접 경험해야 합니다. 진정한 앎은 머리로만 아는 것이 아니라, 실체가 있는 행동을 통해 경험으로 알게 될 때 진정한 진실이 됩니다. 그래야 우리의 깊은 무의식에서부터 인정이 됩니다. 그래야 그 재앙사고가 가짜이며 실제로 두려운 것이 아니라는 사실에 대한 믿음에 의심이 생기지 않습니다. 직면을 통한 좋은 경험들이 쌓여갈수록 믿음은 점점 강해지고 당연한 것이 되며 불안과 두려움은 점점 작아져 결국 소멸합니다. 또한 직면을 통해 '와~, 이 무섭고 두려운 상황을 내가 피하지 않고 부딪혀 이겨 냈어. 이거 생각보다 불안하지 않고 두렵지 않잖아. 괜히 겁먹었네. 아~ 너무 기뻐. 와~, 장하네. 나의 꼴통공주야. 우리 다음에도 잘할 수 있을 것 같아. 우리 정말 멋져~!'라는 식의 다양한 긍정의 내적 반응들도 쌓아 가셔야 합니다.

그러면서 걱정했던 것보다 불안하지 않은 것을 확인하고 안심하며, 속절없이 크기만 했던 불안을 상쇄시켜 나가고, 불안했던 일이 일어나지 않은 것에 기뻐하고, 두려운 상황을 피하지 않고 맞섰다는 것에 뿌듯해하셔야 합니다. 그리고 두려운 상황에 직면한 자신의 용기에 스스로 박수를 보내며 자신을 찬양하셔야 합니다. 이 과정이 지속해서 반복될 때 나 자신은 다양한 긍정적인 감정의 향연 속에서 단련되어 강해질 것이고, 재앙사고는 나의 강하고 멋진 반응에 점점 움츠러들면서 작아져 갈 것입니다. 재앙사고의 공포에 짓눌려 있던 나의 자신감이 서서히 다시 피어오르는 경험을 하시게 될 것입니다. 서서히 피어오른 자신감은 앞으로 부딪혀야 할 새로운 재앙사고의 직면에서도 긍정적으로 작용할 것입니다. 또 재앙사고의 공포와 두려움에 맞서 강해진 나의 내면의 힘과 용기는 앞으로 내가 살아가는 동안 마주치고 극복해 내야 할 일상의 일들도 잘 이겨 낼 수 있도록 해주는 힘과 용기가 되어 나의 마음 안에 우뚝하니 서 있게 될 것입니다. 결과적으로 재앙사고의 직면은 불안장애라는 병의 극복을 넘어 내가 살아가는 삶의 모든 순간순간에 좋은 영향력을 행사하는 내적인 힘이 되어 줄 것입니다.

반면에 직면하지 않고 두려움과 불안에 굴복해 피하기만 하면, 그 불안과 두려움은 점점 더 내 안에서 커져 갈 것입니다. 회피했다는 자신에 대한 실망감으로 내면은 무기력해지고 우울해질 것입니다. 나 자신을 찬양할 좋은 기회는 얻지 못할 것이고, 불안장애라는 병과도 오래도록 함께해야할 것입니다. 내 안에서 커지고 있는 재앙사고는 또 틈만 나면 자신을 드러내어 나를 괴롭히고 힘들게 할 것입니다. 그런 그들을 제거하는 방법은 직면뿐입니다. 머릿속에 존재하는 공포의 대상을 타파하는 방법은 현실로 끄집어내어, 온몸으로 직접 보고 부딪혀 그 진정한 실체를 확인하는 것뿐입니다. 보고 겪으면서 실제로 아무 힘도 쓰지 못하는 허수아비라는 것을 진실로써 증명해 가야 합니다.

재앙사고가 만들어 내는 두려움과 불안을 이겨 내며 직면하는 길이 결코 쉬운 것은 아닙니다. 그 불안과 두려움이 좀 힘들고 좀 자극적이고 좀 강렬해야 말이지요. 하지만 가능합니다. 앞에서도 말씀드렸듯이 인간은 적응적인 존재이고 자꾸 겪다 보면 뭐든 둔감해집니다. 점점 더 작아집니다. 나도 그만큼 강해지기 때문에 점점 더 그 균형성이 맞추어집니다. 그들에게로 왕창 쏠려있었던 공포와 불안의 에너지가 점점 작아져 아무것도 아닌 상태로 점점 균형이 맞추어집니다. 그러니 용기를 내어 피하지 마시고 천천히 하나하나 직면해 가시기를 바랍니다. 하실 수 있습니다.

처음은 누구나 두렵고 힘듭니다. 모든 사람이 다 그렇게 시작합니다. 그렇지 않은 사람은 이 세상에 존재하지 않습니다. 저도 그렇게 시작했습니다. 그냥 하면 됩니다. 우리가 두려워하는 재앙적인 일은 절대로 일어나지 않을 것이기에 그 사실을 믿고 나가시면 됩니다. 최초의 한번이 어려울 수 있습니다. 하지만 두 번째는 처음보다 쉽습니다. 직면을 시도하고 성공해 낸 자신의 뿌듯한 경험을 다음번 직면의 문에 열쇠로 사용하십시오. 이 불안강박 극복의 길은 많은 좋은 경험들이 연결되어 이어져 갑니다. 어제의 좋은 경험이 오늘로 오늘의 좋은 경험이 내일로 연결되어 결국 극복의 길까지 연결해 줄 것입니다. 또 자신을 믿고 직면하되, 만에 하나 직면에 제대로 성공하지 못하시더라도 자신을 비난하거나 실망스럽게 여기지 마시기를 바랍니다. 워낙 평범한 대상이 아니기에 당연히 그러실 수 있습니다. 실망스러운 상황에서도 나 자신을 무기력과 우울, 실망과 좌절로 빠져들지 않게 안정시켜 가고, 이끌어 가는 것 또한 불안강박 극복의 과정에서 아주 중요한 일입니다. 처음이 어렵고 힘들 뿐입니다. 하다 보면 쉬워집니다. 세상 모든 것이 그렇습니다. 하실 수 있습니다. 자신 있게 말씀드립니다. 누군 가가 해냈다면 나도 할 수 있습니다.

그리고 직면하실 때는 항상 올바른 생각들을 한쪽 머리에 떠올려서 방어하셔야 합니다. '직면해야 불안과 재앙사고들이 약해지고 사라져. 실제로는 아무 일도 일어나지 않는 생각 증상일 뿐이야. 이것들이 나에게 할 수 있는 것은 불안과 두려움이라는 기분을 느끼게 하는 것이다야. 이것은 나의 진심이 아니고 자동적으로 나타나고 흘러가는 증상일 뿐이야.'라는 식의 생각을 떠올려서 직면하는 동안 자신이 불안과 두려움에 좀 더 의연하고 강하고 차분하게 맞설 수 있도록 스스로를 매 순간 교육하고 이끌어 가야 합니다. 단, 올바른 생각으로 하셔야 합니다. '여기서 뛰어내리면 밑에서 누가 받아주겠지? 이렇게 죽는 것도 나쁘지 않아.'라거나 '여기서 쓰러지면 누군가 신고해 주겠지. 저쪽에 사람들이 있어서 괜찮을 거야.'라는 식의 생각은 재앙사고의 본질을 보는 생각이 아니라 그 내용에 의미를 부여해서 진실로 만들어 버리는 생각이 됩니다.

물론 이렇게라도 스스로를 안심시켜 직면에 성공할 순 있겠지만, 근본적인 접근이 다르기에 영구적인 해결법이 될 수는 없습니다. 이런 식의 생각은 재앙사고의 허상을 가치 있고 힘 있는 것으로 인정하여 내 안에 여전히 살아있게 하는 것이기 때문입니다. 항상 올바른 지식을 가져와 자신을 스스로 교육해 가며, 견제해야 함을 잊지 마시기를 바랍니다. 항상 재앙사고는 증상이고, 자동적인 반응이며 그 생각의 내용과 흐름까지 자동적이라는 것을 알고, 필요한 상황에 바로바로 떠올려 견제할 수 있도록 저의 책을 반복해서 읽고 장기기억으로 저장시켜 하나의 대응 시스템을 자신의 뇌에 구축해 가시기를 바랍니다. 대응 시스템이 견고해지면 본능적으로 알아차리고 견제하고 무시하는 것이 가능해지기에 그때까지만 많은 경험과 공부를 해 나가시기를 바랍니다. 아니, 그렇게 되시려면 많은 경험과 공부가 필요하다는 사실을 잊지 마시기를 바랍니다.

또한 아무런 준비 없이 무방비로 직면했다가 불안과 두려움을 더 크게 각인시킬 수도 있는데 그렇더라도 포기하거나 실망하지 마십시오. 시도했다는 것이 중요하고, 실패는 없습니다. '아, 그때의 경험으로 불안과 두려움이 조금 더 커졌지만, 얼마든지 다시 직면해서 줄여 나갈 수 있어, 다시 시작하면 좋아질 수 있어, 그건 다 지나간 일이야. 지나간 일은 아무 의미 없어. 새롭게 시작하자. 나는 할 수 있어.'라는 식의 긍정적인 생각과 마음으로 다시 시도하시면 됩니다.

내게 나타나고 있는 모든 현상에 대해, 현상과 하나 되지 마시고, 객관적인 시각으로 차분하게 현상 위에 서서 정리해 가다 보면 그게 어떤 것이든 하나하나 정리해 나갈 수 있습니다. 저는 성격이 무조건 부딪히는 편이어서 사전에 직면에 대한 연습의 시간을 미리 가진다거나, 조금씩 직면의 범위와 강도를 넓혀 가는 스타일은 아니었습니다. 여러분들도 저처럼 무조건 직진해서 직면하시라고 말씀드리는 것은 절대 아닙니다. 인지 교육을 전문으로 하는 곳들의 치료 과정에서도 직면은 체계적으로 해야 한다고 하며 그렇게 진행하고 있습니다. 물론 처음부터 강하게 직면하는 경우도 있긴 합니다만 자신의 현재 상태에 맞게 진행해 가시는 게 가장 적합할 것이라 생각합니다.

제가 주로 직면해야 했던 상황은 집에 혼자 있는 것, 주방에서 특정 도구를 사용해 요리하는 것, 남의 집에 가는 것, 누군가를 만나는 것, 고층 건물에 가는 것, 버스나 지하철을 타는 것, 바다에 가는 것, 약을 먹는 것, 육교를 건너는 것, 차를 운전하는 것, 고가도로를 지나는 것, 엘리베이터를 타는 것 등 아주 많고 다양했지만 가야 하면 그냥 가고, 해야 하면 그냥 했습니다. 일부러 직면이나 노출 훈련의 시간을 따로 만들지 않는 대신, 이렇게 일상생활 자체를 직면과 노출 훈련의 장으로 삼고 그 모든 순간을 정말 한 번도 회피하지 않고, 더 열심히 직면해 냈습니다. 따로 직면이나 노출의 시간을 정해놓고 훈련하는 것은, 그 자체로 스스로 큰 부담이 되어 그렇지 않아도 힘든 심리상태에 부담을 더 가중시킬 수 있다고 여겼기 때문입니다. 그러한 가중이 꾸준한 노출 훈련을 방해할 수도 있기에 차라리 일상생활을 극복의 장으로 이용한 것이지요.

직면할 때는 불안과 두려움을 온몸으로 겪어내며 '직면을 해야 이 재앙사고와 불안이 작아지고 없어진다는 데 어떻게 해. 지금 직면하지 못하면 내가 안고 가야 할 불안과 공포의 대상들이 점점 더 늘어난다는 데 어떻게 해. 어차피 할 거 그냥 하자. 직면은 많이 반복할수록 좋다고 하니 그냥 빨리 직면 하자. 오늘 직면하면 나는 더 강해지고, 재앙사고는 더 약해지는 거야.'라는 생각으로 밀어붙였습니다. 직면할 일이 생기면 오히려 직면의 기회, 무시할 기회, 내가 강해질 기회로 여기며 해당 직면에 임했습니다.

'네가 이기나 내가 이기나 해보자.'라는 오기로 직면해서 버텨내고 이겨 냈습니다. 그런 날들이 하루 이틀이 되고, 한 달 두 달이 되고, 몇 년이 되니 결국, 그 모든 재앙사고는 하나둘씩 시간 속으로 사라지고 없었습니다. 지금 내가 하는 직면의 결과가 바로 효과를 내지는 않겠지만, 시간 속에 녹아 자신이 의식하지 못하는 사이 모든 걸 제자리로 돌려놓을 겁니다.

어느 날 문득 꿈에서 깬 것처럼 '그 재앙사고들이 내 생활에 없었구나.'라고 자각하시면서 평화를 누리고 있는 자신을 발견하게 되실 겁니다. 참 치열하고 열정적인 시절이었습니다. 저도 재앙사고도 불안도 모두 다요. 그렇게 치열했기에 지금의 저도 있는 것 같습니다.

• • •

무시하기란?

여기서 짚고 넘어가야 할 사실이 또 하나 있는데, 많은 환우분이 무시하기에 대해 잘못 알고 계시면서, 무시하기를 하면 강박사고나 다른 증상들이 지금 당장 사라진다고 생각하신다는 겁니다. 컴퓨터 키보드의 'Delete' 키를 누르면 모니터 화면에 있는 글자가 완전히 지워지는 것처럼, 무시하기를 하면 강박사고가 한순간 깨끗하게 사라진다고 착각하신다는 겁니다. 무시하기라는 행위가 강박사고가 나타날 때 알아차리고 멈추어 그 강박사고가 더 이상 진행되지 않도록 막는 것이 아니라, 지금 당장 삭제되는 것으로 여기고, 다시는 안 나타날 거라 기대하신다는 겁니다. 그래서 '무시하기를 하는데도 왜 계속 나타나는 건가요?'라고 문의를 주시며 잘 안된다고 힘들어하십니다.

무시하기는 증상을 직접적으로 삭제하는 역할을 하는 것이 아니라, 자동적으로 나타나는 강박사고가 더 이상 진행되지 않도록 차단하는 역할을 합니다. 그래야 우리 뇌에 활성화되어 있는 강박사고의 길을 약화해 갈 수 있고, 최후에는 사라지게 할 수도 있을 테니까요. 제때 무시하고 멈추어야 더 강한 불안과 더 강한 신체 증상들을 일으키지 않을 테니까요. 제대로 무시하지 못해 강한 불안이 다시 우리의 뇌에 각인이 되면 그만큼 더 오래 강박사고나 다양한 증상과 함께해야 하고, 영원한 이별은 점점 더 멀어질 테니까요. 무시하기는 강박사고가 만들어 놓은 길을 그 뿌리에서 원천적으로 서서히 약화시켜 종국에는 사라지게 하는 수단의 역할을 하는 것이지, 지금 무시한 그 강박사고를 완전하게 지우는 역할을 하는 것이 절대 아님을 꼭 아셔야 합니다. 앞에서 설명해 드린 뇌 가소성의 원리에 따라, 꾸준하게 무시하기를 하다 보면, 뿌리가 되는 회로가 사라져 갈 것이고 그러면 강박사고도 자동적으로 점차 약해지며 나타나지 않을 것입니다.

놀이터에 있는 놀이기구 중 아이들이 타고 노는 '시소'라는 놀이기구를 아실 겁니다. 시소의 양 끝에 두 아이가 앉아 위아래로 서로 교차하며 오르내리는 놀이기구이지요. 강박사고와 강박사고의 근본적인 회로를 함께 약화시켜 나가는 무시하기라는 행위도 시소 타기에 비유할 수 있습니다. 한쪽 끝에서 무시하기를 하면 다른 쪽 끝에서는 강박사고의 회로가 조금씩 약화 되는 것이지요. 서로 같이 움직이는 것입니다. 상상을 해보세요. 양 끝에서 시소를 타는 두 아이의 모습에 무시하기와 강박사고의 근본 회로를 올려놓고 상호작용하며 약해지는 모습들을요. 그렇게 상상하면 무시하기의 원리를 이해하시는 데 도움이 되실 것입니다. 또 무시하기만 잘하고 있다면 근본 회로가 사라지는 것도 저절로 이루어질 테니 무시하기에 대한 개념을 잘 잡으시고 지금 나에게 나타나고 있는 강박사고들을 무시해 가는 것에만 집중하시기를 바랍니다. 무시하기만 잘하면 모든 것들은 무의식 차원에서 자연스레 좋아질 것이라는 사실을 믿고 항상 머리에 떠올리면서 매번 당장 사라지길 기대하고, 원하는 효과가 바로 나타나지 않는다고 힘들어하며, 그 자연스러운 흐름을 방해하지 마시기를 바랍니다. 괜한 부정적인 감정과 생각들로 그렇지 않아도 힘든 스스로를 더 힘들게 하지 마시기를 바랍니다. 모든 건 때가 되면 자연스레 이루어집니다. 그 흐름에 모든 걸 맡기시고, 나는 지금 해야 할 것들에만 착실하고 성실하고 진실하게 임하시면 되는 것입니다.

. . .

강박사고에 이름 붙여 라벨링과
이미지를 이용해 무시하기

   강박사고가 하나둘씩 늘어나면서 저는 제가 경험하는 강박화된 재앙사고에 각각의 이름을 붙였습니다. 최초로 발생했던 타인을 향한 공격적 강박사고에는 '타인 강박', 저를 향한 공격적 강박사고에는 '자살 강박', 고층 건물과 관련된 강박사고에는 '고층 강박', 또 사람과 관련된 강박사고도 있었는데, 누군가가 저를 따돌림으로써 제가 받아야 할 도움을 제대로 받지 못해 극단적 선택을 하게 되는 결말로 이어지는 재앙사고였습니다. 제 재앙사고의 결말은 항상 저의 죽음으로 종결되었습니다. 참 잔인하기도 했지요. 하여간 그 재앙사고에는 그 누군가의 이름을 붙여 'ㅇㅇㅇ 강박'이라고 불렀습니다. 또 재앙사고는 아니었지만, 명확한 확인감을 느낄 수 없는 불안정서로 인해 아무리 책을 읽어도 그 내용에 대한 이해됨에 확신을 느낄 수 없어 반복해서 책을 읽게 되는 증상도 있었는데, 거기에는 '책 읽기 강박'이라고 이름 붙였습니다. 이러한 증상 말고도 다양한 형태의 증상들이 있었는데 거기다 이처럼 각각의 이름을 붙여 체계적으로 관리를 해 나갔습니다.

이렇게 하는 이유는 강박사고들이 나의 순수한 생각이 아닌 불안장애의 한 증상일 뿐이라는 사실을 더 객관적으로 받아들일 수 있도록 정리하기 위함이었습니다. 실제로 그런 효과가 있었는데, 다양한 강박사고가 나타날 때마다 그에 해당하는 이름이 있으니, 해당하는 이름으로 라벨링을 하며 쉽게 정리할 수 있었습니다.

예를 들어 고층 건물에 가게 되었을 때 고층 강박사고가 나타나는 것이 감지되면 바로 그때 '고층 강박'이라고 딱! 짚어주며 저 자신에게 정리를 해주는 것입니다. 신기하게도 실제로 라벨링을 하게 되면 그 순간부터 강박사고는 정지가 되었습니다. 이렇게 저는 강박사고들이 나타날 때마다 제가 붙여놓은 이름으로 라벨링을 하며 강박사고의 진행을 쉽게 막았고 쉽게 빠져나올 수 있었습니다. 강박사고를 극복하는 데 있어 자신만의 다양한 기법들을 마련해 이용하는 것은 정말 중요한 일이며 많은 도움이 됩니다. 저는 라벨링 작업과 함께 또 특정한 이미지들을 자주 떠올려 무시하는 데 사용했습니다. 한 가지 예를 들자면 강박사고나 강한 불안이 나타날 때 거센 비바람을 온몸으로 맞으면서도 꿈쩍하지 않고 수행에 임하는 스님들의 모습을 떠올리며 저도 그러한 자세로 무시하려 노력했습니다.

외부의 유혹에 절대 흔들리지 않고, 평정심을 잃지 않으며, 흐트러짐 없는 자세로 수련하는 스님들의 바위와 같은 단단한 모습이 마치 저라고 상상하며 저 역시 강박사고가 만들어 내는 불안과 두려움들에 평정심을 잃지 않고, 흔들림 없는 자세로 차분하게 무시하려 노력했습니다. 그런 이미지들을 떠올리면 나와 증상을 좀 더 뚜렷하게 구분할 수 있었고, 그 이미지가 담고 있는 좋은 의미들이 무시하기의 중심에 서 주었습니다. 맨몸으로 나간 전쟁터에서 무기가 되어 주고 방패가 되어 주었습니다. 아무 생각 없이 강박사고와 증상을 대하는 것은 정말 아무 준비 없이 맨몸으로 전쟁터에 나간 것과 같습니다. 그러면 전쟁에서 이길 수 있는 확률은 매우 낮습니다. 하지만 준비된 사람은 쉽게 이겨 나갈 수 있습니다. 여러분들도 흘러들어오는 강박사고와 불안들을 막연하게 처리하려 하지 마시고 나에게 도움이 되겠다 싶은 이미지나 영상, 글 등이 있다면 그것들을 최대한 많이 활용하시기를 바랍니다. 제가 사용했던 이름 붙이기 작업이나 라벨링 작업도 매우 좋은 방법이니 이용해 보셨으면 합니다.

...

재앙사고 발생 시,
사고와 불안은 조건화되고 일반화된다

재앙사고가 처음 나타날 때 발생한 불안과 두려움은 재앙사고와 하나로 연합되어 '조건화' 됩니다. 조건화가 된다는 것은 자극이 주어지면 반응이 자동으로 나타나는 것으로, 재앙사고의 내용에 해당하는 환경에 노출되면 재앙사고의 발생 초기 연합된 불안과 두려움이 조건반사적으로 나타난다는 것을 의미합니다. 재앙사고와 불안이 한 덩어리가 되는 것이지요. 그리고 또 이렇게 조건화된 재앙사고와 불안의 연합체는 비슷한 것들에게서도 동일한 반응을 나타내게 되는데 이것을 '일반화'라고 합니다. '자라 보고 놀란 가슴 솥뚜껑 보고 놀란다.'라는 말처럼 재앙사고의 내용과 같은 맥락에 있는 것들로 불안이 점차 번져가는 것을 말합니다. 이는 모두 심리학에서 사용하는 용어들과 이론들로 우리 뇌의 한 원리입니다. 재앙사고도 우리 뇌에서 일어나는 현상이기 때문에 동일한 반응이 나타나는 것입니다.

이러한 현상들의 예를 저의 남편에 대한 공격적 강박사고의 경우로 설명해 드려 보면, 강박사고 발생 초기에는 공격적 강박사고의 내용을 실행에 옮길까 봐 불안하다고만 여겼는데, 머지않아 남편만 떠올려도 불안하고 해당하는 도구만 떠올려도 불안해진다는 것을 알게 되었습니다. 처음에는 남편과 도구를 떠올리면 불안한 것에 대해 의아해했지만, 시간이 지나면서 남편에 대한 공격적 강박사고와 불안이 하나로 저의 뇌 속에 저장되어 있기에 강박사고의 상황에 직접 노출되어 있을 때뿐만 아니라 그 요소들을 떠올리기만 해도 불안이 나타난다는 것을 반복적인 경험을 통해 알게 되었습니다.

 지하철과 관련된 재앙사고를 경험하시는 분 중에서도 '지하철을 타지도 않았는데 왜 탈 생각만 해도 불안할까?'라고 의아해하시며 불안해하시는 분들이 계십니다. 당연히 지하철과 관련된 재앙사고를 하셨고 그 당시 그분의 뇌 속에 지하철 재앙사고와 불안이 하나로 연합되어 저장되어 있기 때문에, 생각으로 떠올리기만 해도 불안 반응이 나타나는 것입니다. 엘리베이터와 관련된 재앙사고를 경험하시는 분들은 엘리베이터를 타거나 탈 생각만 해도 자동으로 조건화된 불안과 두려움이 나타납니다. 약에 대한 재앙사고를 하시는 분들은 약을 드시는 상황이 되거나, 드실 생각만 해도 조건화된 불안이 자동으로 나타납니다.

 또, 일반화 역시 저의 공격적 강박사고를 그 예로 들 수 있습니다. 처음에 남편으로 시작된 공격적 강박사고가 '사람'이라는 맥락으로 번져가 다른 가족들, 종국에는 모든 사람까지 그 대상이 되었습니다. 그래서 버스를 같이 타고 가는 사람의 신체 일부가 훼손되는 상상이 든다거나, 지인을 공격하는 등의 생각들이 나타났습니다. 또 공격적 강박사고의 도구 역시 주방에서 사용하는 특정한 것에서 점차 비슷한 도구들로 번져 갔습니다. 그것은 참 괴로운 경험이었습니다.

 또 저를 향하는 공격적 강박사고의 경우에도 일반화가 일어났는데, TV 드라마나 책에서 누군가가 힘든 상황에 부딪히는 내용을 접하게 되면 '저 사람 저러다 극단적인 선택을 하는 거 아니야?'라는 두려움과 불안이 자동으로 올라왔습니다. 저의 몸과 뇌에서는 그 사람의 극단적인 선택을 곧 저의 극단적인 선택으로 받아들이며 불안 반응이 나타났고, 그 사람이 극단적인 선택을 하지 않으면 저도 안심이 되곤 했습니다. 저의 뇌에 저장된 재앙사고와 불안이 제가 접하는 외부 상황으로까지 번져 간 것이었습니다. 정말 두렵고 힘든 현상들이었지만, 한편으로는 신기하기도 했습니다. 이러한 조건화와 일반화 같은 현상이 우리 뇌에서 일어나는 이유는 우리 뇌가 처리해야 할 정보들을 보다 더 효율적으로 관리하고 처리하기 위함이라고 합니다. 그 현상들이 재앙사고의 경우에서도 일어난 것입니다.

이렇게 자신이 지금 경험하고 있는 현상들이 어떤 원리에 의해서 나타나고 있는지를 아는 것은 정말 중요한 일입니다. 제가 일반화와 조건화에 대해 제대로 알지 못했다면, 그 상황의 혼란스러움으로 인해 더 많이 헤매고 힘들어했을 것입니다. 그리고 우리의 뇌는 우리가 경험하는 모든 것들에 대한 정체가 파악이 되어야 안심합니다. 여러분들도 이러한 경험을 하고 계신다면 '왜 이런 현상이 나타나는 거지? 내가 미쳐가는 건가? 이거 도대체 왜 이런 거지?'라고 혼란스러워하며 불안과 두려움을 끌어내지 마시고 '아~ 조건화가 되어서 생각만 해도 불안이 나타나는 거구나. 아~ 일반화가 되어서 같은 맥락에 있는 것들에서도 불안이 나타나는 거구나.'라고 차분히 이해하고 정리해 가시기를 바랍니다.

우리의 뇌는 자신이 알지 못하는 미지의 것들을 위험으로 간주해 불안과 두려움으로 반응합니다. 자신의 생존과 안전을 최우선으로 두고 설계된 우리의 뇌는 안전하다고 확인된 것이 아닌 것에서 이러한 반응을 나타냅니다. 그래서 처음 접하거나 익숙하지 않은 것, 알지 못하는 것들에 대해 위험 반응을 나타내게 되는데, 자신이 겪고 있는 증상에 대한 정체가 제대로 파악되지 않을 때도 역시 불안과 두려움의 반응을 나타냅니다. 그렇게 되면 원래의 불안과 증상에 가외의 불안과 증상을 가중하게 되어 더 힘들어질 수 있습니다. 그래서 항상 자신의 증상이나 상태에 대해 정확하게 파악하고 있어야 하는 것은 매우 중요합니다. 그러니 항상 많이 읽고 많이 이해하셔서 자신의 모든 증상을 파악하는 과정에 노력을 기울이시기를 바랍니다. 그렇지 않아도 힘든 불안과 두려움인데 스스로 불안과 두려움을 가중시킬 필요는 없지 않겠습니까?

실시간으로 자신에게 일어나는 증상에 대해 알고 있으시기를 바랍니다. 어떤 원리에 의해서 나타나는 것인지 한눈에 꿰차고 있으셔야 합니다. 그래야 자신의 마음이 병적인 불안과는 별개로 안정된 상태에 있을 수 있습니다. 나를 불필요하게 불안정한 상태로 두지 마세요. 내가 혼란스럽고 두려우면 그게 고스란히 증상으로 나타납니다. 제가 이렇게 저의 경험을 최대한 많이 떠올려 어떻게 하면 좀 더 쉽게 설명을 해드리고 여러분의 이해에 도움을 드릴 수 있을까 고심하며 글을 쓰는 이유도 그만큼 아는 것이 너무 중요하다는 걸 제가 직접 경험해 봐서이기 때문입니다. 생각으로 증상을 경험하는 분들에게는 그 증상에 대한 전문적인 이해가 필수입니다. 후에 병적인 염려에 대해서도 말씀드리겠지만, 생각은 우리의 일상생활과 너무 밀접하게 연결되어 있기 때문에 증상이라는 것을 알고 분리하는 거 자체가 굉장히 어렵고 까다로울 수 있습니다. 그런데 또 생각 증상이 일상생활에 미치는 병적인 영향은 너무나 큽니다. 그래서 계속 강조해서 말씀드려야 할 부분이 자기 머리에서 일어나는 것들을 꿰뚫고 있으면서 스스로 자기 생각을 관리할 수 있으셔야 한다는 것입니다. 그래야 생각으로 나타나는 증상을 일반적인 생각에서 분리해 낼 수 있고, 그래야 증상은 증상대로, 일반적인 생각은 일반적인 생각대로 처리하실 수 있습니다. 그게 기본적으로 되어야 재앙사고, 병적인 염려들과 작별하실 수 있습니다.

• • •

강박사고는 발생과 소멸까지 일련의 흐름이 있다

2009년 공격적 강박사고가 처음 나타났을 때는 1년 6개월간의 약물 복용을 통해 공격적 강박사고가 깨끗하게 사라지는 경험을 했습니다. 그때는 제가 먹는 약이 무슨 약인지도 몰랐고, 알아야 하는지도 몰랐습니다. 저의 병과 증상에 대해서도 역시 알아야 한다는 사실도 몰랐고, 알지도 못한 채 그냥 '이 약 먹으면 낫는다.' 믿으며 비타민 복용하듯 열심히 먹었습니다. 약을 먹는 동안에는 정말 편했고, 아무런 부작용도 없었으며, 효과도 좋았습니다. 그렇게 아무 생각 없이 약만 먹고 좋아지다 보니, 공격적 강박사고나 다른 증상의 진정한 실체는 보지 못했습니다. 실체가 있는지도 몰랐고 보아야 하는지도 몰랐습니다. 우리가 감기에 걸리거나, 잇몸에 염증이 생겨 약을 먹어야 할 때 그 실체에 대해 알고 먹는 건 아니니까요. 당연히 그런 존재로서 저는 저의 병을 받아들였습니다.

그때는 다 아무것도 몰랐습니다. '그냥 약 먹고 좋아지는 병' 이상의 생각은 하지 못했습니다. 하지만 약물 복용 중단 7개월 후인 2013년에 다시 재발이 되면서 저는 본격적인 불안장애와의 동행 길에 들어서게 되었습니다. 그 길에서도 다시 약을 먹다가 현실에서 일어나는 개인사들로 인해 갑자기 약을 중단하게 되는 일이 몇 차례 반복되었습니다. 그리고 2014년 마지막 시도로 먹었던 약을 중단하면서 드디어 약 없이 홀로 병과 맞서기 시작했습니다. 혼자 힘으로 각종 강박사고와 신체 증상들 그리고 사람을 진짜 미치게 하는 불안들을 오롯이 겪고 있자니 너무 힘들어서 '다시 약을 먹을까?'라는 생각이 드는 순간도 종종 있었지만, 그럴 때마다 생각했습니다. '내가 약을 먹으면 증상이 약으로 인해 완화될 테고 그럼 나는 이 불안과 각종 증상에 대해 제대로 볼 수가 없잖아. 그러면 제대로 처리할 방법도 알 수 없잖아.'라고요.

어차피 약만 먹고는 해결이 안 난다는 걸 몇 차례의 경험으로 알았기에 혼자 힘으로 이겨 내야 하는데, 그러려면 이 병의 실체를 알아야 했습니다. 뭐, 알아야 싸우든지 이기든지 할 것 아니겠습니까? 이 사람을 미치게 하는 불안이 얼마나 강해질 수 있는지 알아야 했습니다. 더욱이 생각으로 나타나는 증상들은 나의 일상적인 생각이라는 모래사장에서 바늘을 찾아내야 하는 격으로 힘든 일이었기에, 생각으로 나타나는 증상에 대해서도 오롯이 있는 그대로를 알아야 했습니다. 그런 각오와 마음가짐으로 약 없이 홀로 각종 재앙사고와 강박사고 그리고 불안과 매일 부딪혔습니다. 그것은 결코 쉬운 일이 아니었습니다. 지금은 사실 많이 옅어진 기억이지만 그 시간 동안 기록해 두었던 저의 흔적들을 들추어 보면 그때의 처절한 제가 보여 많은 감정들을 느끼곤

합니다. 너무 힘들었고 너무 처절했습니다. 죽기 살기로 애썼던 저 자신이 너무나 가엾고 측은하기도 하지만 또 너무나 자랑스럽고 대견하기도 합니다. 그렇게 몇 년을 홀로 이 병을 겪어내며 이 병이 아니라면 겪어보지 못할 고생을 원 없이 하기도 했지만, 그 과정에서 저는 강박사고가 태어나고 사라지는 전 과정을 경험하게 되었고, 그 생리도 알게 되는 소중한 성과를 얻을 수 있었습니다.

제가 경험한 결과 강박사고는 먼저 완전히 사라지는 데 오랜 시간이 걸립니다. 아기가 이 세상에 태어나 똑바로 걷기까지에는 많은 과정과 시간이 필요합니다. 누워있을 수만 있던 아기가 시간과 함께 성장해 감에 따라 뒤집게 되고 기게 됩니다. 시간이 더 흐르면 앉게 되고 드디어 걷게 되겠지요. 강박사고도 아기의 걷기 과정처럼 많은 과정을 단계적으로 밟아가며 겪고 배워 능숙하게 다룰 수 있게 되고 그러면서 함께 서서히 좋아집니다. 이제 갓 태어난 아기가 한순간에 걸을 수 없듯이 강박사고를 포함한 불안장애의 모든 증상도 한순간에 좋아지지 않습니다. 세상 모든 일이 그러하지 않습니까. 운전을 잘하는 것도, 수영을 잘하는 것도, 요리를 잘하는 것도, 업무적인 일을 잘하는 것도, 모두 미숙한 초보 시절부터 시작해 직접 몸으로 부딪쳐 배우고 익히고 깨져가며 성장하고 발전해 갑니다.

■ 강박사고 발생 초기
- 재앙적 상황이 현실로 재현될까 불안하고 두려운 단계

강박사고가 처음 나타날 때는 엄청나게 강한 불안과 두려움이 동반됩니다. 내가 실제로 강박사고의 내용을 행동으로 실행에 옮길까 봐 불안하거나 혹은 어떤 최악의 상황이 실제로 재현될까 봐 불안하고 두렵습니다. 하루 종일 강박사고와 그에 동반되는 강한 불안에 사로잡혀 지냅니다. 그리고 재앙적 상황에 대처하기 위한 생각들이 머리에서 자동으로 흘러갑니다. 예를 들면 저의 공격적 강박사고의 경우 '그 도구를 치워버리자. 혹은 다른 사람한테 같이 있어 달라고 해야겠다.'와 같은 식으로요. 또 강박사고는 하늘에 떠 있는 태양처럼 머리의 한쪽에 하루 종일 계속 떠서 환우를 옥죄입니다. 감당하기가 너무 힘들어 응급약을 복용하기도 하고, 그 상황을 회피하거나 주변에 도움을 요청하기도 합니다. 이렇게 강박사고가 처음 나타나는 시점에는 모든 것이 너무나 강렬하게 두렵고 불안해 그것을 경험하는 환우는 멘탈의 붕괴를 겪으며 매우 혼란스러운 상황에 빠집니다. 심리적으로도 매우 불안정합니다.

■ 강박사고 발생 2단계
- 실현의 단계에서 생각의 단계로

그러다 시간이 흘러 강렬한 1단계의 시기가 지나고 나면 불안과 두

려움의 농도와 힘이 옅어지고 약해집니다. 반복해서 겪다 보니 이 상황에 적응이 되고 둔감해지는 겁니다. 강박사고의 정체와 원리, 대처방법에 대해 알고 적극적으로 대처할 경우 그 시간이 훨씬 단축될 수도 있습니다. 여기서 또 일정한 시간이 흐르면 불안과 두려움의 농도와 힘은 더 옅어지고 약해져, 발생 시점의 강박사고를 행동으로 옮기거나 재앙적인 상황에 부닥칠까 봐 불안했던 두려움이 이제 강박사고가 나타날까 봐 불안하고 두려운 형태로 변합니다. 재앙적인 상황이 실현될까 불안하고 두려웠던 현실 실현의 단계에서 이제 생각의 단계로 전환이 된 겁니다. 이 단계로만 진입해도 이제 한시름 놓게 됩니다. 이제는 실행으로 옮길까 봐 극심한 실행에 대한 두려움이 없는, 생각만의 문제가 되기 때문입니다. 하지만 여전히 쉽지 않습니다.

3 강박사고 발생 3단계
- 강박사고의 핵심 키워드만 남아 불안반응

그리고 강박사고 발생 2단계에서 시간이 좀 더 흐르면 강박사고의 전체적인 스토리는 점점 더 뒤로 물러나 사라지고 핵심 키워드만이 남아 불안으로 반응하며 머리에 떠올라 의식이 됩니다. 저의 공격적 강박사고의 경우 '내가 이 도구로 남편을 공격하면 어떡하지?'라는 전체적인 스토리는 사라져 떠오르지 않았고, 이제 남편이나 도구에 대해서만 불안반응이 나타났습니다. 다른 강박사고의 경우도 마찬가지였습니다. 이 시기 일상의 불안감은 이제 강박사고에만 묶여있지 않고 특정한 대상이나 이유 없이, 무겁고 은은하게 깔리며 뭔가 찜찜하거나, 뭔가 해결해야 할 것 같거나, 자각되는 순간 매우 힘든 기분이 든다거나 하는 등의 다양한 형태로 나타납니다.

4 강박사고 마지막 단계
 - 핵심 키워드의 불안반응이 초조와 긴장감으로 변하며 결국 소멸

발생 3단계에서 시간이 더 흐르면 이제 핵심 키워드에만 반응했던 불안이 초조함과 긴장감으로 변하며 의식됩니다. 불안의 농도가 아주 많이 옅어져 초조함이라는 형태로 변한 것입니다. 강박사고 초기에는 강박사고의 전체적인 스토리가 축약되어 담겨 있는 하나의 볼이 머리에 떠 있는 것처럼 의식이 되었지만, 이 단계에서는 이제 남편이나 도구만이 의식에 떠올라 있습니다. 뭘 하든 머리 한쪽에서 의식이 됩니다. 이 의식되는 현상도 계속 신경 쓰지 않고 무시하다 보면 서서히 뜸해지며 사라집니다. 의식이 되는 횟수도 점차 줄어들고, 의식이 되는 간격도 점차 멀어지며 서서히 자신도 모르는 사이 사라집니다. 이 역시 한 번에 사라지지 않습니다. 모든 불안장애의 증상은 서서히 옅어지고 나타나는 간격을 멀리하며 사라집니다. 모든 증상의 최고 대처법은 무시하기입니다. 이 마지막 단계까지 힘들어도 무시하기라는 방법을 계속해서 유지하셔야 합니다. 그렇게 무시하며 자신이 할 일만 꾸준히 해 가다 보면 이 초조함과 긴장감도 역시 다 사라집니다. 이 초조함과 긴장감이 사라지면서 드디어 강박사고도 소멸이 되는 것입니다.

이 3, 4단계에서 환우들은 '아니, 이제 강박사고에 대한 생각과 불안은 많이 좋아지고 사라졌는데 아기만 보면 불안해요.'(아기와 관련된 공격적 강박사고를 하시는 경우입니다)라고 걱정하며 도움을 요청하시기도 합니

다. 이분의 경우 왜 아기만 보면 불안한지를 이해하지 못하고 계시기도 하고, 아기에 대한 강박사고와는 별개인 의문의 증상이 새롭게 생긴 거라 여기셔서 힘들어하고 괴로워하시는 것입니다. 자신이 겪고 있는 이 과정이 강하고 극심했던 강박사고의 초기 상태를 지나 호전 상태에 있다는 사실을 모르신 채 무작정 힘들어하며 혼란한 상태에 스스로 빠져 계시는 것입니다.

강박사고는 한 번에 좋아지지 않고, 좋아지는 과정에 단계가 있고, 지금 많이 호전되신 상태라 설명을 해드려도 오랜 시간 강박사고와 함께하며 많이 지쳐 있는 환우분들은 사실 이러한 과정이 있다는 것을 잘 받아들이지 못하십니다. 겪어보지 않으셨으니 당연합니다. 너무 힘들고 고통스럽기 때문에 빨리 좋아지고 싶은 마음이 드는 것도 당연합니다. 나를 힘들게 하는 것들과 오래도록 함께하고 싶은 사람은 아무도 없을 겁니다. 그러한 이유로 빨리 좋아지길 기대하고 바라게 되면서 얼마 지나지 않아, 또 한탄을 하시기도 합니다. 앞에서도 말씀드렸듯이 강박사고가 좋아지고 사라지는 과정은 아주 느리며, 아기가 태어나 걸음을 능숙하게 걸을 수 있을 만큼의 시간과 과정이 필요합니다. 여러분들 중에서도 자신이 지금 이러한 상태에 있다고 판단 되신다면, 호전되고 있는 좋은 흐름에 계신 것이니 희망을 잃지 마시고 앞으로 더 좋아질 때까지 긍정적인 자세를 유지하며 기다리는 마음을 내어주셨으면 좋겠습니다.

겪고 있는 증상들이 너무 싫고, 한시도 같이 하기 싫은 마음으로, 언제 사라지냐고 발버둥 치면 칠수록 마음속에서는 분노와 짜증이 치밀어 오르고, 나의 하루는 증상과의 싸움으로만 채워집니다. 사라지지 않는 증상에 집착하면 할수록 증상은 더 크고 강하게 다가옵니다. 그러면 우울해지고 살기 싫어집니다. 이런 부정적인 반응들이 강박사고에 생명을 불어넣어 주는 겁니다. 강박사고가 계속해서 건재할 수 있도록 그 환경을 스스로 만들고 있는 겁니다. 또 이런 부정적인 나의 내적인 반응들은 스트레스 반응인 '투쟁-도피' 반응을 작동시킵니다. 그렇지 않아도 늘 전투태세인 자신의 불안에 다시 폭탄이 연이어 떨어지는 겁니다. 이렇게 되면 자신은 점점 더 빠져나가기 힘든 수렁 속으로 빠져듭니다. 이런 상황을 견제하고 하루라도 빨리 강박사고와 이별하고 싶으시다면 '내가 무시하고 있으니, 때가 되면 알아서 다 사라질 거야, 내가 안달복달하면 할수록 증상은 나와 더 강하게 밀착되고, 나의 집착은 더 강해지고 이 병과도 더 오래 같이 가야 해.'라는 생각을 떠올리며 최대한 여유로운 마음으로 모든 걸 시간에 맡기려는 노력을 하셔야 합니다. 자신의 마음과 생각을 차분하게 다듬어 가셔야 합니다.

비록 강박사고를 겪는 게 너무 힘들고 고통스럽고 빨리 벗어나고 싶겠지만, 그래도 마음만은 편하고 여유롭게 드셔야 오히려 더 빨리 좋아질 수 있다는 사실을 스스로 자꾸 상기시키셔야 합니다. 이러한 노력 또한 강박사고 극복에 있어서 아주 중요한 일입니다. 그래야 이겨낼 수 있습니다. 힘들고 영원할 것 같지만 그렇게 길지도 않습니다. 지나고 나면 언제 그랬냐는 듯 정상적인 생각을 하며 '그때 그랬는데.'라고 하시게 될 겁니다. 하나의 씨앗이 싹을 틔우고 자라고 커다란 나무가 되고 그 나무가 생명을 다해 죽음을 맞기까지의 과정은 자연의 법칙에 의한 것입니다. 우리 인간도 마찬가지입니다. 세상에 존재하는 것들이 모두 이러한 자연의 법칙에 따라 태어나고 성장하고 쇠퇴하며 사라집니다. 우리의 증상들도 이러한 법칙에 따라 태어나고 성장하고 쇠퇴해 가는 과정을 거치며 사라집니다. 이 자연의 법칙을 따르셔야 증상과도 최대한 빨리 이별할 수 있습니다.

우리는 순리대로 살아야 한다는 말을 자주 접합니다. 억지로 무엇인가를 하면 오히려 역효과만 나고 잘될 일을 망쳐 놓기도 합니다. 이 병에 대해서도 순리대로 따르는 마음을 거듭 내어 주신다면 강박사고를 비롯한 불안, 그리고 다른 증상들과 함께하는 생활이 덜 힘드실 수 있습니다. 그리고 멋지게 이별도 하실 수 있습니다. 아름다운 이별이 될 겁니다. 그냥 꿈을 꾼 것처럼 아득히 멀어진 존재가 되어 있을 겁니다.

그러기 위해 여러분들께서는, 첫째, 강박사고는 오랜 시간 성장과 쇠퇴의 과정을 거쳐 소멸해 간다는 사실 하나와 둘째, 극심하고 강렬했던 불안은 시간이 지나며 그 형태가 불안에서 초조, 긴장감을 거쳐 의식의 순서대로 변화하며 약해지고 사라진다는 사실을 꼭 기억해 주시기를 바랍니다. 이 사실을 꼭 기억하시고 자신의 상태가 어디쯤 해당하는지 가늠해 보시기를 바랍니다. 자신이 지금 어디쯤 와 있는지를 아는 것은 매우 중요합니다. 그것을 알면 기다릴 수 있습니다. 끝이 어디인지 알고, 그 끝을 볼 수 있는 것도 정말 중요합니다. 그 끝을 등대 삼아 걸어가시기를 바랍니다. 끝은 오고 모든 것은 사라지며, 강박사고가 있던 자리에는 이제 이 지독한 강박사고를 스스로 이겨 냈다는 뿌듯함, 평화, 자유, 기쁨, 감사와 같은 아름다운 꽃들이 자라날 것입니다.

강박사고가 아직 강하고 두렵다면 시간이 더 필요하다

강박사고가 지금 나에게 여전히 두렵고 강한 상대라면 아직 극복까지 시간이 많이 남아 있다고 보셔야 합니다. 중천에 떠 있는 해가 바다로 가라앉아 밤이 되려면 그만큼의 시간이 흘러야 하는 이치와 똑같습니다. 강렬한 열기로 하늘 한가운데 떠 있는 태양처럼 강박사고의 위력이 아직도 뜨겁고 강하다면 당연히 해가 질 때까지 기다리셔야 하고 시간이 필요합니다. 때가 되지도 않았는데 해가 지기를 바라는 것은 지구를 내 힘으로 억지로 들어 보이겠다는 터무니없는 시도와도 같습니다. 태양 빛이 강렬할 때는 차가운 그늘에서 현명하게 피하셔야 합니다. 태양이 언제 바다 밑으로 가라앉을까 노심초사하지 않고 지내다 보면, 시키지 않아도 태양은 스스로 알아서 어둠 속으로 사라집니다. 앞에서 말씀드린 대로 강박사고는 나고, 강해지고, 쇠퇴하고, 사라지는 자연의 법칙을 따르고 있기에, 지금 경험하고 있는 자신의 강박사고의 힘이 아직도 강하다면, '아직 내 증상이 하늘 중천에 떠 있구나.'라고 여기시며 자신의 현재 위치를 정확하게 보실 줄 아셔야 합니다. 마음의 여유를 가지시고 필연적으로 가져야 할 시간의 요구를 들어주셔야 합니다. 인간의 힘이나 의지로는 변화시킬 수 없는, 강박사고의 탄생과 소멸에 필요한, 무조건적인 시간의 흐름이 있어야 한다는 것을 차분하고 너그럽게 받아들이셔야 합니다. 그런 마음으로 매일 나타나는 강박사고를 무시하면서 차분히 기다리셔야 합니다. 때가 되면 당연히 사라질 것이지만, 다만 지금은 시간이 더 필요하다는 사실을 받아들이셔야 합니다. 그렇게 받아들인 것들은 내 생활 저 뒤편으로 미루어 두시고, 나는 지금, 이 순간에 해야 할 순간순간의 일상적인 일들을 해 나가시면 됩니다. 그날 그 시간에 해야 할 내게 주어진 임무들을 성실하게 해 나가시면 됩니다. 강박사고도 자신의 속도대로 움직이고 있을 테니 나도 내가 해야 할 일의 할당량을 채워 가시면 됩니다. 그렇게 시간을 보내시다 보면 중천에 떠 있던 해가 시간의 흐름을 타고 서서히 바다 아래로 가라앉듯, 강박사고도 서서히 시간의 흐름을 타고 바다 아래로 가라앉게 되어 있습니다.

내가 제대로 대처하고, 제대로 직면하고, 제대로 무시하면서 하루를 잘 살아가면 강박사고는 남아 있으라고 붙잡아도 떠나갑니다. 강박사고가 우리한테 올 때 자기 마음대로 찾아왔듯이 갈 때도 자기 마음대로 떠나갑니다. 이제 갓 떠오른 해가 갑자기 반대편 바다로 한순간 가라앉을 수 없듯이 이제 막 태어나 한창 번성 중인 강박사고 역시 한순간에 갑자기 사라지지 않습니다. 그 사실을 꼭 기억하시면서 강박사고와 각종 증상을 대하시기를 바랍니다. 그래야 마음의 여유를 가질 수 있고, 제 속도대로 좋아질 수 있습니다. 그래야 조바심도 조급함도 내려놓을 수 있습니다. 항상 자신의 상태, 증상의 상태와 위치, 강도 등을 정확하게 파악하셔서 관리해 나가시기를 바랍니다. 나의 증상과 상태를 그냥 흘러가는 대로 아무런 자각 없이 방치하지 마시고, 그때그때 나타나는 각각의 증상들에 대해 파악하셔야 합니다. 그리고 파악하신 것에 기초해서 적절하게 처리하셔야 합니다. 그렇게 해야만 이 생각이라는 늪을 관리하는 '늪지기'가 될 수 있습니다. 아무런 힘없이 늪 속으로 무작정 가라앉는 수동자가 되지 마시고 내 힘으로 늪에서 빠져나와 스스로 관리할 수 있는 능동자가 되시기를 바랍니다.

재앙사고를 정리하며

  처음에 제가 책을 쓰기로 결심하면서 저는 저의 경험과 그로 인해 알
게 된 지식들을 최대한 많이 이 책에 담아내야겠다고 다짐했고, 그 다
짐에 책임을 다하려는 마음으로 지금까지 글을 써왔습니다. 처음에는
글을 어디서부터 시작해 어떻게 풀어가야 할지 정말 막막했습니다. 인
터넷 카페나 개인 블로그와 같은 공간에 글을 쓴 지는 꽤 오래되긴 했
지만, 그것은 그냥 지극히 개인적인 글이었습니다. 하지만 그것과는
다른 의도와 목적을 가지고 쓰이고 있는 지금의 이 글이 담길 저의 책
은 제 인생에 있어 가장 값지고 영광스러운 존재가 될 것입니다. 이 존
재의 탄생은 제가 받았던 감사한 과거의 선물들을 다른 분들께 돌려드
릴 귀한 기회가 되어 줄 것입니다. 그렇게 되길 간절히 바랍니다. 그것
은 저의 오랜 꿈이기도 합니다. 그래서 글을 써오는 내내 한 자 한 자
써 내려가는 저의 시도는 가볍지 않았고 앞으로도 그러할 것입니다.

  한 번씩 제가 쓰는 이 글이 불안장애라는 병으로 힘들어하고 계실 환
우분들께 실제로 얼마나 도움을 드릴 수 있을까에 대한 걱정으로 멈칫
하기도 합니다. 이러한 걱정은 이 책이 완성되는 순간까지 사라지지
않을지도 모릅니다. 하지만 저에게는 마음 저 깊은 곳에서부터 느껴지
는 하나의 직감이 있습니다. 그것은 너무나 고통스럽고 힘들었던 저의
지난 삶의 여정들이 결국은 이 책을 탄생시키기 위해 일어나도록 운명
지어진 것들이 아니었을까 하는 것입니다. 제가 이 책을 쓰기 위해 그
렇게 많은 증상을 경험할 수밖에 없었고, 저도 또 그렇게 이겨 내려 안

간힘을 쓴 건 아니었을까 하는 것입니다. 그래서 모든 걱정을 뒤로하고 저의 직감을 믿으며 이 글을 끝까지 완성해 나가려고 합니다. 그래야 힘들었던 저의 지난 삶이 자신의 소임을 다 할 테니까요. 이 글을 읽으시는 분 중에 약을 먹으면 이렇게 힘든 과정에 대해 알 필요도 없고, 겪을 필요도 없을 거라 생각하실 분들이 계실지도 모르겠습니다. 실제로 그런 분들을 보아 오기도 했습니다. 그런 분들이 계실지도 모른다는 걸 알면서도 제가 지금까지 기록해 두었던 글들과 저의 경험을 통해 알게 된 지식들을 끝까지 알려 드리고자 하는 이유는, 약이 나타내는 효과에는 일정 선의 한계가 있고, 또 근본적인 차원에서 해결이 되지 않는다는 것을 제가 너무나 절실하게 겪어 보았기 때문입니다.

재앙사고는 약을 완전히 끊고도 언제든 다시 나타났고, 제가 많이 안정되었음에도 스트레스가 심하거나, 어떤 사건이 발생하면 또다시 나타났습니다. 그런 상황이 아니더라도 언젠가는 꼭 한 번씩 나타나 제가 잘살고 있는지를 확인하기도 했습니다. 만약에 제가 재앙사고에 대한 지식이 전혀 없었다면 저는 그때마다 재앙사고가 던지는 미끼를 덥석 물고 또다시 수렁 속으로 빠지기를 반복하며 재앙사고의 세상과 제 세상을 왔다 갔다 하며 방황 속에 살고 있을 것입니다. 하지만 저는 오랜 시간 약 없이 불안장애와 그가 나타내고 있는 재앙사고 및 다른 다양한 증상들을 겪으며, 있는 그대로의 그들의 모습들을 보고 그 생리를 파악하게 되었고, 그 결과 그들과 싸워서 이길 무기를 마련하게 되었습니다. 실제로 그들이 나타나 저를 유혹하고 그들의 세상으로 다시 저를 끌어내리려 할 때마다, 그 무기를 이용해 저는 올바른 생각으로 살아갈 수 있도록 저 스스로를 지켜 낼 수 있었습니다. 이 무기가 없으면 평생을 재앙사고와 줄다리기하며 살아가게 되리라는 것을 저는 너무나 잘 알기에 이렇게 재앙사고에 대해 많은 말씀을 드리게 되었습니다. 중복되는 내용이 있다는 것은 그 내용이 그만큼 중요한 것이기 때문이라 여기시고 그 내용을 좀 더 깊고 중요하게 다루어 주시기를 바랍니다.

지금부터는 이제 불안장애가 나타내는 증상 중에서도 가장 다루기 힘들고 중요한 증상인 병적인 염려에 대해 말씀을 드릴 것입니다. 기본적으로 인지영역에서 나타나는 생각 증상이지만 그 기저에는 불안장애의 병적인 불안이 개입하고 있습니다. 그것은 재앙사고도 마찬가지이고요. 기본 원리나 대처 부분에서는 재앙사고와 중첩되는 내용이 많아서 비슷한 내용이 중복될 수 있지만, 어차피 이러한 내용은 반복학습이 중요하기에 그대로 담아가도록 하겠습니다.

재앙사고를 정리하며 저도 잠시 숨을 고르고 저의 마음을 가다듬고 있습니다. 사실 하루라도 빨리 이 책을 완성해 세상에 내놓고 싶은 마음으로 조급해질 때도 많지만, 그렇게 하는 것은 이 책과 이 책을 읽으실 분들께 보일 수 있는 올바른 태도가 아니라는 것을 너무나 잘 알기에, 정말 제가 쓰고자 하는 글을 쓰는 데에만 초점을 맞추어 가려 노력합니다. 이 병이 아니더라도 많은 시련을 겪으며 세상일이 절대 내 뜻대로 되지 않는다는 것을 배웠습니다. 누군가와의 이별을 막기 위해 무려 십 년이라는 세월을 힘듦 속에서 살았고, 드디어 그 이별을 막았다고 생각한 순간이 오기도 했습니다. 하지만 그 순간 세상은 보란 듯이 저를 이별 속으로 몰아넣었습니다. '될 줄 알았지? 절대 안 돼!'라고 세상이 저를 보며 비웃는 것만 같았습니다.

　정말 한순간에 일어난 고통스러운 이별이었습니다. 십 년의 노력을 한순간에 짓밟으며 세상은 제게 그걸 가르쳐줬습니다. 저는 찢어지는 고통 속에서 온 마음과 몸으로 깨달았습니다. 정말 절실히 깨달았습니다. 세상은 절대 내 뜻대로 되지 않는 곳이라는 것을요. 내 것이 아닌 것은 아무리 붙잡아도 절대 내 것이 될 수 없다는 것을요. 원래 내 것이 아닌 걸 붙들고 있어서 그렇게 고통스러웠다는 것을요. 그리고 새롭게 처음부터 다시 시작했습니다. 그걸 깨달았기에 저는 처음부터 다시 시작할 수 있었습니다. 그 후로도 갑작스러운 이별이나 사건, 사고들은 제 삶에서 끊임없이 이어졌습니다. 세상은 저의 존재와는 상관없이 자기가 정한 대로 살아가고 있었습니다. 제 인생이었지만 세상은 자기 마음대로 살아갔습니다. 하지만 원래 그렇다는 걸 알기에 저는 순순히 받아들일 수 있었습니다. 그래서 더 잘 넘겨올 수 있었습니다. 모든 것은 순리대로 흘러갑니다. 될 것은 아무리 막아도 되고, 안 될 것은 아무리 노력해도 안 됩니다. 그래서 제가 지금 써 내려가는 글들도 순리대로 흘러갈 것임을 믿기에 천천히 제가 할 수 있는 노력을 성실하게 이어 가려 합니다. 불쑥불쑥 올라오는 재촉하는 마음들, 불안한 마음들을 내려놓고, 처음 제가 하고자 했던 마음만을 생각하면서 끝까지 가 보도록 하겠습니다. 여기까지 함께 와주셔서 감사드립니다.

3) 병적인 염려

☑ 병적인 염려란?

염려의 사전적 의미는 '앞일에 대하여 여러 가지로 마음을 써서 걱정함' 또는 '그런 걱정'이라는 의미로 국어사전에서 찾을 수 있습니다. 이러한 '염려'는 사람이라면 누구나 흔하게 할 수 있습니다. 저도 오늘 염려를 했습니다.

오늘은 비가 많이 내리는 날이었고, '식당에 점심을 먹으러 가야 하는데, 그때도 비가 많이 오면 어떡하지?'라고요. 식당까지는 꽤 걸어야 하는데 비가 많이 오면 옷이 젖지 않을까 걱정이 된 것이지요. 또 급하게 사용해야 할 물건을 주문해 놓고 제날짜에 오지 않을까 봐 염려하기도 합니다. 제날짜에 도착하지 않으면 그 물건을 제때 사용하지 못하게 되고 그러면 어떤 불편한 상황이 발생할 수 있을 테니까요. 이렇게 일상적인 염려는 우리가 살아가면서 부딪히는 상황들 속에서 너무나 흔하게 나타나는 일반적인 현상이며, 이러한 염려는 염려했던 일이 해결되면 안도감과 함께 사라지고, 자신이 염려한 것에 대해 크게 신경 쓰지도 않습니다.

하지만 불안장애에서 나타나는 병적인 염려는 위에서 예를 든 일상적인 염려와는 확연히 구별됩니다. 앞에서 재앙사고에 관해 설명을 해드리면서도 말씀드렸던 내용입니다만 불안장애에서 나타나는 생각으로 표현되는 증상들은, 누구나 다 할 수 있는 일반적인 생각들과는 차원이 다릅니다. 평범한 수준을 넘어 병적인 상태로 나타난다는 것이 문제입니다. 병적이라고 표현을 하는 이유는 불안장애라는 병을 보유한 상태에서만 겪을 수 있는 비정상적인 현상이 매우 전형적으로 나타나기 때문입니다. 재앙사고가 누구나 할 수 있는 자신의 재앙적 상황에 대한 예견이, 평범한 수준을 넘어 병적인 불안과 극심한 두려움이 동반되어 나타나는 것이라면, 이 병적인 염려는 그 염려를 만들어 내는 특유의 불안정서가 있어, 그 불안정서가 환우의 머리에서 흘러가고 있는 생각 중 어느 한 생각을 무작위로 포착해서 나타납니다. 그리고 환우로 하여금 그 선택된 생각을 계속 염려하게 하고 불안하게 하여 안심을 구하도록 유도합니다. 재앙사고와는 같은 생각 증상이면서도 형태는 다릅니다. 하지만 그 배후에 항상 병적인 불안이 작동하고 있다는 것은 동일합니다. 당연히 불안장애는 불안의 병이고 그가 나타내는 증상이니까요.

이 병적인 불안은 매우 일상적이고 교묘해서 환우는 자신이 병적인 염려를 경험하고 있다는 사실조차 감지하지 못하는 경우가 대부분입니다. 병적인 현상과 일반적인 현상을 구분하지 못하는 환우들은 '내가 걱정이 너무 많구나. 내가 생각이 너무 많구나. 내가 너무 완벽주의자구나.'라는 등으로 자신의 불안염려를 잘못 받아들이며, 그것이 자신의 문제라고만 여기지, 그것이 병적인 증상이라고는 쉽게 알아차리지 못합니다. 물론, 자신에게 완벽주의적이거나 강박적인 성향과 같은 개인적인 특질이 있다는 것을 거부하고 배제하라는 이야기가 아닙니다. 저도 굉장히 완벽주의적이고 강박적인 성향에 매우 섬세한 기질을 가지고 있어서 어떤 것을 하든 대충대충 할 수가 없고, 어느 한 부분이라도 마음에 들지 않는 부분이 있다면, 그게 아무리 사소한 것이라도 마음에 들 때까지 손을 봐야 합니다. 이러한 성향과 기질들이 저의 불안장애 유발에 영향을 미친 것은 사실입니다. 그래서 이러한 부분 역시 불안장애라는 병을 극복하기 위해 조절되어야 하는 것도 사실입니다. 하지만 제가 말하는 병적인 불안이 유발하는 불안한 생각, 불안염려는 그것과는 별개인, 정말 병적인 생각인 고유한 한 증상을 의미하는 것입니다. 이것이 제대로 구별되어야 제대로 불안염려를 다스릴 수 있고, 그 불안염려의 기저에 흐르고 있는 병적인 불안까지 최종적으로 녹여 갈 수 있습니다.

또 매우 자극적이고 강렬하면서 파국적인 상황에 대한 내용을 담고 있는 재앙사고와는 다르게 이 병적인 염려는 일상생활과 매우 밀접한 영역에서 교묘하게 증상을 발현해 내기에 일반적인 걱정이나 염려와 구별하기가 쉽지 않습니다. 그러다 보니 환우분들은 병적인 염려가 의도하는 대로 안심을 구하기 위해 생각을 해결하려 하거나, 생각을 확인하는 등의 행동을 반복합니다. 반복하는 이유는 불안장애의 병적인 불안으로 인해 아무리 확인하고 해결해도 절대적인 확인감이나 안정감을 느낄 수 없기 때문입니다. 환우가 이 사실을 제대로 알지 못해 그러한 행동을 반복할 경우 결국 그 염려가 강박화 되는 것입니다.

불안장애라는 병명에서 쉽게 예상할 수 있듯이 불안장애의 모든 증상은 '장애화'되어 비정상적인 상태로 표출됩니다. 생각도, 느껴지는 정서도, 신체에서 나타나는 감각들이나 다양한 증상들까지 모두 다요.

이 사실을 정확하게 이해하시고, 자신의 불안장애 증상들을 바라보시기를 바랍니다. 자신의 불안한 생각이 일반적이고 평범한 수준이라 여겨지신다면, 일상생활이 걱정과 불안들로 채워지지도 않을 것이고, 어느 한 생각에 묶여 강박적인 확인이나 회피와 같은 행동이 반복적으로 나타나지도 않을 것입니다. 그것은 주위에 있는 불안장애가 아닌 분들과 비교해 보시면 너무나 명확하게 확인이 될 것입니다. 자신의 이러한 상태를 부정적으로 여기지 마시고, 합리화하고, 일반화하지 마시고 제대로 보고 제대로 처리해야 그 불안과 염려의 늪에서 빠져나올 수 있습니다. 계속해서 힘든 상태로 살아갈 것인지, 아니면 제대로 보고 제대로 공부해서 불안강박을 극복해 나갈 것인지는 오로지 자신의 선택입니다.

지금부터는 본격적으로 환우들의 일상에 교묘히 침투해 자신의 의도대로 환우를 조종하고 있는 이 병적인 염려에 대해 하나하나 자세하게 설명을 해 드리도록 하겠습니다.

☑ 병적인 염려 대처하기

. . .

병적인 염려는 주 강박사고가 호전된 시점에 나타나
일상적인 생각을 장악한다

환우분들은 모두 자신만의 주 증상이 있습니다. 그것은 불안장애라는 병의 문을 연 재앙사고가 고착된 강박사고입니다. 생각 증상 없이 신체 증상만 겪는 분들은 신체 증상 중에 주 증상이 있습니다. 이 주 증상은 매우 오랜 시간 동안 고질적으로 나타나며, 발생하고 성장하고 쇠퇴하고 소멸해 가는 일련의 긴 과정을 따릅니다. 저에게도 공격적 강박사고를 비롯한 주 증상이 몇 가지 있었습니다. 2013년 재발로 나타난 공격적 강박사고가 호전되어 급격했던 불안이 많이 개선되고 저도 재앙사고에 대한 견제가 충분히 가능해진 시점에 이 병적인 염려가 나타났습니다. 그 외의 강박사고들 또한 여전히 남아 있긴 해도 불안의 수위는 낮게 유지되고 있던 때였습니다. 급격하게 휘몰아치던 시기가 지나간 것이지요.

그 시기가 지나니 이제 강력한 형태의 재앙사고는 뒤로 물러나 잘 나타나지 않았고, 무겁고 잔잔하게 깔리는 불안이 병적인 염려를 선두에 세워 여전히 남아 있는 무의식의 억압된 불안의 에너지들을 계속해서 증상으로 표출해 냈습니다. 신체 증상만을 경험하시는 분들 역시 어느 정도 호전을 이룬 후, 일정 시간이 지나 재앙사고로 증상이 재발 되고, 재발한 재앙사고가 수습이 되어가며 결국 남아있는 불안의 표출이 병적인 염려로 귀결되는 패턴을 보였습니다. 완전히 치유되지 못한 무의식의 에너지들은 계속해서 소통할 수 있는 환우의 여러 영역 즉 생각이나, 신체, 정서로 자신의 아픔을 표현합니다. 환우가 한 가지 증상을 완전하게 아무런 두려움 없이 대할 수 있다면 이미 그곳은 무의식 입장에서는 자신의 아픔을 표출하기에 의미 없는 곳일 겁니다. 그래서 환우가 다시 관심을 보이며, 자신을 알아봐 줄 다른 형태로 증상을 계속해서 만들어 내는 것입니다. '나 아직 아파. 나를 외면하지 마.'라고요. 이렇게 새로운 형태로 나타났던 병적인 염려는 매우 일상적인 상황들 속에서 이상한 현상을 만들어 냈습니다.

불현듯 제가 얼마 전 구매한 물건의 개수에 대해 의문이 생기면서 자극적이고 두려운 빛깔의 불안이 함께 가슴에서부터 솟구쳐 올라왔습니다. 구매한 물건의 개수가 몇 개인지 확인이 되어야 안심이 될 것 같은 불안감과 함께 머릿속에서는 제가 구매한 물건의 개수를 찾아내려는 시도의 생각들이 자동으로 흘러갔습니다. 그 물건을 떠올리기만 해도 불안이 동반되었고, 그 불안감은 계속해서 저에게 구매한 물건의 개수를 찾아내도록 채찍질을 해 댔습니다. 그런데 내용만 다른 이런 식의 염려들을 반복해서 겪다 보니 이건 뭔가 비정상적이라는 것을 알게 되었고, 이것이 생각으로 나타나는 증상의 또 다른 형태라는 것을 알아차릴 수 있었습니다. 이 병이 있기 전의 평범했던 생각의 상태와 현재 나타나고 있는 생각의 상태를 비교해 보았을 때 그 현상은 너무나 달랐고, 너무나 비정상적이었기에, 이렇게 파악되는 것들은 다 증상으로 간주하고 처리했습니다.

여러분들께서도 지금 자신이 경험하고 있는 현상들이 정상적인지 병적인지 구분하기가 어려우실 경우에는, 이 병이 있기 전의 정상적이던 때와 비교해 보시기를 바랍니다. 그러면 쉽게 구분이 될 것입니다. 구분해야 하는 이유는 정확한 대처를 통해 병적인 염려에 조종당하지 않기 위함입니다. 이렇게 병적인 염려는 아주 사소한 일상에서의 일들을 무작위로 낚아 올려 그것에 병적인 불안을 덧대어 자신의 의도 대로 환우를 조종합니다. 앞에서 예로 들었던 구매한 물건의 개수를 확인하지 못해 불안했던 염려뿐만 아니라, 일상의 아주 다양한 상황에서 많은 염려가 불현듯 나타납니다. 이러한 모든 현상이 병적인 염려라는 것을 알지 못하는 환우는 병적인 염려가 만들어 내는 불안한 거짓에 속아 다양한 부적응적인 행동을 보이게 됩니다. 평소 잘 다니던 길을 못 가게 되기도 하고, 잘 먹던 약을 못 먹게 되기도 하고, 잘 보던 책을 못 보게 되기도 하고, 잘하던 운동을 못 하게 되기도 합니다.

또 해답을 구한 상대방의 대답에 확신이 들지 않아 반복해서 묻고 또 묻기도 합니다. '이게 맞을까?'라는 색깔의 병적인 불안이 가슴속에서 솟구쳐 올라 출렁거리며 아무리 묻고 답을 받아도 그 답에 확실한 안정감을 느낄 수 없게 만들기 때문입니다. 그 불안감이 이미 기본 베이스로 깔려 있기 때문에 묻고 또 묻게 되는 것입니다. 예를 들자면 한도 끝도 없습니다. 이뿐만 아니라 가슴에서 솟구치는 병적인 불안이 환우의 생각 회로 전체를 해킹하여 조종하는 듯 환우가 하는 모든 생각을 다 염려하게 하고 의심하게 하고 불안하게 하기도 합니다. 꼬리에 꼬리를 무는 불안한 염려의 생각들은 머릿속에서 끊임없이 멈추지 않고 작동하는데, 어떤 때는 그 힘이 너무 강해 정말 잠시 그 생각들에서 빠져나왔다 싶다가도 나도 모르는 새 또 딸려 가고 있을 정도입니다.

제어가 안 될 정도로 이러한 염려의 생각들이 하루 종일 나타날 때는 이 생각의 홍수 속에서 길을 잃고 휘청거리다 '이러다 내가 미치는 거 아닐까?'라는 두려움이 들 정도로 그 힘이 너무 강해서 도저히 내 힘으로 멈추기가 쉽지 않습니다. 한 생각이 불안한 염려가 되고 그다음 생각이 또 불안한 염려가 되고 그다음 생각이 또 불안한 염려가 되어, 그 꼬리가 끝없이 이어질 때는 정말 미칠 지경입니다. 머리가 터질 것 같기도 하고, 정신이 나갈 것 같기도 하고, 심하면 공황발작이 찾아오기도 합니다. 저도 이런 경험을 너무 많이 했었기에, 이 미칠 것 같은 상태가 어떠한 것인지 너무나 잘 압니다. 재앙사고는 그래도 주제가 특정되어 있고, 그 주제에서만 불안과 두려움이 발생하지만, 이 병적인 염려는 특정된 영역이 아닌 환우의 생각 전체에서 발생합니다. 이럴 때 나타나는 생각은 환우의 것이라고는 하나도 포함되어 있지 않은, 오로지 병적인 불안만의 생각이라고 보시면 됩니다. 이럴 경우 우리가 할 수 있는 최고와 최선의 방법은, 이 현상 역시 병적인 불안이 만들어 내는 병적인 염려임을 알고, 이 흐름 전체를 하나의 증상으로 인식하고 빠져나와 그 전체를 무시해야 합니다. 내 생각 회로가 현재 정상적이지 않다는 것을 자각하고, 내 생각이라는 집에 병적인 염려라는 도둑이 들어와 있으니 그저 지켜보며 스스로 나가길 기다리시면 됩니다. 이 도둑은 쫓아내려 하면 할수록 더 버티고, 가만히 지켜보고 있으면 오히려 더 빨리 나가는 이상한 도둑이니 그저 가만히 아무런 반응 없이 지켜보시기만 하면 됩니다. 거세게 흘러가는 불안염려의 에너지 흐름에 같이 딸려 가지 말고, 옆으로 비켜 나와 지켜보고 무시하면서 그저 이 에너지가 흘러가길 기다리면 곧 소강상태가 옵니다. 물론 이러한 현상도 반복되어서 나타나겠지만, 그럴 때마다 똑같은 방법으로 대응해 가시다 보면 결국 이 모든 것들도 서서히 사라져 가게 되어 있습니다.

. . .

먼저 알아야 한다

이렇게 환우의 생각을 완전히 장악하는 병적인 염려를 소멸시켜 가려면 현재 자기 머리에서 진행되고 있는 생각이 병적인 염려인지 아니면 일반적인 생각인지를 먼저 알아야 합니다. 먼저 알아야 제대로 무시도 할 수 있을 테니까요. 애초에 모르면서 제대로 된 무시를 한다는 것은 있을 수 없는 일입니다. 그래서 항상 자신이 겪고 있는 증상의 실체를 정확하게 파악해야 하는 노력은, 불안강박을 극복하려는 노력들 중, 가장 우선에서 이루어져야 합니다. 그러기 위해서는 정확한 정보가 담겨 있는 책이나 글을 반복해서 읽으셔야 합니다. 책을 읽을 때 글만 읽고, 자신의 증상과 연결 짓지 못한다면 그것은 제대로 책을 읽는 게 아닙니다. 아무리 좋은 책을 많이 읽어도 자신의 증상과 대처에 직접적으로 도움이 되지 않는다면 그것은 크게 의미가 없습니다. 제대로 책을 읽으셔야 합니다.

제대로 이해가 되셨다면, 이제 그동안 습득해 온 이론과 실전을 하나로 통합시켜 진정한 앎으로써 자신의 증상에 대해 깨달아 가야 합니다. 모든 것은 실재하고 있는 현실에서 직접 겪어 봐야 합니다. 그래야 진짜 아는 것이 됩니다. 알 수 있게 하셔야 합니다. 아무런 대책 없이 나의 의식이 염려의 흐름을 타고 무작정 흘러가도록 방치하지 마십시오. 제가 지금 쓰고 있는 이 글은 오랜 시간 동안, 제가 실제로 경험했던 실재에 기반을 둔 사실이기 때문에, 일반적인 불안장애나 강박증과 관련된 책의 내용과는 다를 수 있을 것입니다. 제가 실시간으로 경험했던 증상들의 발생과 소멸의 과정은 오로지 제 안에서만 이루어진 저만의 경험이고 깨달음이기에 그럴 것입니다. 하지만 저뿐만 아니라 모든 불안장애가 만들어 내는 증상은 환우의 내부에서 이루어지는 일이기에 그 대처 역시 내부에서 환우 스스로 해 나가셔야 합니다. 저는 환우분들의 그 길에 저의 글이 많은 도움이 될 수 있을 것이라 믿습니다. 우리가 겪는 불안장애의 증상이 밖으로 보이지는 않지만, 저의 경험과 오랜 시간 많은 분들과의 상담과 대화를 통해 우리의 증상이 공통적인 특징을 갖고 있다는 것을 확인하였습니다. 그래서 여러분들이 겪고 계실 증상이 어떤 것들인지 눈으로 보지 않고서도 저는 너무나 잘 압니다.

또 실제로 경험해 보지 않으면 절대 알 수 없을 증상의 발생과 소멸의 과정을 오랜 시간 저의 경험으로 지켜보았기에 그 과정에 대해서도 저는 너무나 잘 압니다. 그 과정은 지금 제가 쓰고 있는 이 글을 통해 표현되고 있으며 앞으로도 더 많은 것들이 표현될 것입니다. 우리의 증상은 병적인 불안이 없는 사람과의 대화에서는 쉽게 공감받기도 어려울뿐더러 그 극복방법에 대한 정확한 답을 얻는 것도 쉽지 않습니다. 그분들은 우리의 실제 증상에 대해서도 잘 알지 못하지만, 극복 방법에 따른 접근도 달리하기 때문입니다. 하지만 저의 글은 다를 것입니다. 저는 여러분들과 똑같은 불안장애 환우이며, 똑같은 걸 경험했고, 똑같은 걸 극복해 냈으니까요. 부디 저의 책과 저를 많이 활용하시기를 바랍니다.

이제 병적인 염려가 처음 나타나는 순간의 현상에 대해 말씀을 드리려고 합니다. 이것은 항상 동일한 패턴으로 나타납니다. 내용은 병적인 불안이 선택하는 주제에 따라 달라 지지만 그 패턴은 동일합니다. 이 동일한 패턴을 알아차릴 수만 있다면, 더욱더 쉽게 병적인 염려임을 인식할 수 있을 것이고, 더욱더 쉽게 대응도 할 수 있으실 겁니다. 그리고 제대로 인식이 되어야 염려의 에너지 흐름에 딸려 가지 않을 수 있습니다.

...

병적인 염려는 아주 순간적이고,
번개처럼 빠르며 가슴에서 솟구치는 병적인 불안과 함께 나타난다

염려가 일어나는 순간을 잘 관찰해 보면, 한순간에 매우 빠른 속도로 나타납니다. 평범하게 흘러가던 생각 중 갑자기 하나의 불안한 생각이 번개처럼 '번득'하며 나의 머리에 꽂히듯 나타납니다. 예를 들면 일을 하다가 갑자기 '그 서류 확인을 제대로 했나?', '이메일을 제대로 보냈나?', '혹시 다른 사람한테 잘못 보낸 거 아니야?'라는 등의 불안한 생각이 순간적이고 빠르게 떠오르거나, '차에 미등을 제대로 껐나? 미등이 켜져 있었던 거 아니야?'라는 불안한 생각으로 인해 미등의 꺼짐 여부를 확인하러 차로 몇 번이나 돌아가기도 합니다. 이것은 실제로 자신이나 자신의 상황에 어떤 문제가 발생해 그 문제를 해결하거나 예방하기 위해 나타나는 문제에 대한 대처 현상이 아닙니다. 이것은 환우가 아무런 문제 없이 자신의 일상을 잘 살아가는 와중에 무작위로 선택되어 나타납니다. 한순간에 번개처럼 빠른 속도로 불쑥 나타납니다. 염려가 처음 나타날 때를 한번 잘 관찰하시기를 바랍니다. 아마 확인하실 수 있을 것입니다.

또한 그렇게 염려가 나타날 때 생각만 나타나는 것이 아니라, 가슴에서 불쑥 솟아오르는 특유의 불안감이 동시에 나타납니다. 그 불안감에는 염려의 내용이 녹아 있는 듯합니다. 불안장애 환우들이 경험하는

불안염려는 절대 생각만의 문제가 아닙니다. 병적인 염려의 본질은 병적인 불안이 생각을 통해 불안을 해소하려 하는 것입니다. 그 때문에 여러분들은 자신이 겪는 염려에 병적인 불안이 필연적으로 함께하고 있다는 사실을 꼭 기억하셔야 합니다. 위의 사실들을 꼭 기억하셨다가 자신에게 병적인 염려가 나타날 때 실제로 확인해 보면 정확하게 확인이 될 것입니다. 이렇게 여러분들이 병적인 염려가 나타나는 순간의 현상을 제대로 파악하시게 되면 두더지 잡기 게임의 두더지처럼 계속해서 나타나는 병적인 염려를 차례대로 잘 격파해 가실 수 있습니다. 불안장애가 나에게 존재하는 한 불안염려도 여전히 나와 함께할 텐데, 두더지처럼 나타나는 불안염려를 제대로 잘 처리할 수 있어야 본질적인 차원에서 염려를 일으키는 불안도 함께 지워 나갈 수 있습니다. 그게 되지 않고 염려가 일어나는 길목마다 발목이 잡히면, 그 상태로 정체되어 앞으로 나갈 수 없게 되고, 그렇게 되면 본질적인 차원에서의 문제해결도 점점 더 요원해진다는 사실을 꼭 기억하시기를 바랍니다.

그렇다면 병적인 불안이 만들어 내는 불안염려는 어떤 형태들일까요?

① 뭔가 마음이 안심되지 않는 불안염려
② 뭔가를 자꾸 의심하게 하는 불안염려
③ 뭔가를 자꾸 확인하게 하는 불안염려
④ '~하면 어떡하지?'처럼 뭔가를 자꾸 걱정하게 하는 불안염려
⑤ 당장 해결하지 않으면 큰일이 일어날 것 같은 불안염려

등과 같이 뭔가 사람을 가만히 안정된 상태로 두지 않는, 불안하고 초조하며 매우 자극적이고 거부하기 힘든 몹시 난편한 정서가 강하거나 약하게 나타납니다. 이러한 다양한 형태의 불안감이 아주 짧은 순간 가슴에서 불쑥 느껴지며 머리에서는 병적인 불안이 선택한 염려의 스토리가 찰나로 떠오릅니다.

앞에서도 설명해 드렸듯이 두 가지가 동시에 일어납니다. 그래서 누구나 할 수 있는 일반적인 생각이나, 걱정처럼 마음대로 쉽게 멈추거나 외면할 수 없는 것입니다. 이렇게 염려가 일어나면 이제 환우는 일상에서 일어나는 다양한 상황에서 뭔가를 해결하고, 확인하고, 의심하고 염려하고 회피합니다. 그리고 이렇게 부적응적인 행동을 하는 자기 자신의 모습을 보며 자신이나 상황의 문제가 아님에도, 그 상황이나 자신에 대한 신뢰감과 자신감을 잃고 우울해하고 힘들어합니다. 이처럼 병적인 염려를 제대로 구분해서 처리하지 못 할 경우 환우가 감당해야 하는 부작용은 너무나 많습니다.

이러한 사태를 방지하기 위해서는 염려가 발생하는 순간의 현상을 제대로 이해하고, 자신에게 염려가 나타날 때 적용해서 실제로 확인해 가셔야 합니다. 확인이 되셨으면 이제 실제로 자신에게 염려가 나타날 때마다 병적인 염려라는 것을 자각하는 연습을 반복적으로 해 나가셔야 합니다. 그리고 그 느낌에 익숙해지십시오. 그래서 염려가 발생하는 초기에 바로 '염려'라고 라벨링하고 견제해 자신이 불안염려에 끌려가지 않도록 지켜내십시오. 초기에 잘라 낼수록 단순해집니다. 이렇게 자꾸 반복하다 보면 저절로 익숙해질 거고 나중에는 본능적으로 견제할 수 있게 됩니다.

신체적으로 나타나는 현상도 불안염려로
그 원인을 찾아 심각한 병과 연결 짓는다

이 병적인 염려는 또 신체적으로 나타나는 단순한 현상도 염려하
게 했습니다. 정말 어처구니없었지만, 갈증을 느끼는 순간에 '갈증이
왜 일어나지? 이거 무슨 이상한 병 아니야?'라고, 불안해하며 그 원인
을 심각한 병과 연결 지어 염려하도록 했습니다. 그렇게 순간 염려하
고 나면 불안 반응이 몸과 마음에서 연계해 나타납니다. 갈증뿐만 아
니라, 위나 심장에서 콕콕 찌르는 현상, 하품이 나오는 현상, 몸이 가
려운 현상, 단순한 현기증, 소화가 안 될 때, 트림이 유난히 많이 나올
때, 배에 가스가 찰 때 등 모든 신체에서 나타나는 증상을 불안해하고
두려워하며 그 원인을 심각한 질병과 연결 지어 염려하도록 했습니다.
그리고 나에게 나타나고 있는 신체의 현상이 염려하는 질병의 증상이
라는 근거를 찾는 생각의 흐름이 머릿속에서 자동으로 진행되었습니
다.

이러한 상태에서 제대로 된 지식을 근거로 한 알아차림과 견제가 없
었다면, 저는 저의 신체에서 나타나는 온갖 현상들에 대한 원인을 찾
고, 절대 해결되지 않을 불안을 상대하느라 그 자리에서 오래도록 힘
겹게 머물러 있어야 했을 것입니다. 이 상태가 바로 건강염려증이며,
결국 분류된 모든 염려증의 근본 원인은 병적인 불안이고, 이 하나의

뿌리에서 다양한 형태의 염려증이 파생된다는 것을 아셔야 합니다. 또한 이렇게 불안염려가 한번 건드린 신체 증상들은 아무리 사소한 것이라 하더라도 매우 두렵고 공포스러운 존재로 받아들여진다는 것도 명심하시기를 바랍니다. 하지만 무시하고 아무런 해결하려는 것과 같은 반응 없이 흘려보내면 언제 그랬냐는 듯 그 증상에 입혀졌던 불안과 염려의 두려움은 사라지고 없습니다. 그 두려웠던 신체 증상들이 원래의 평범했던 느낌으로 돌아옵니다. 반응하지 않고 가만히 있으면 저절로 제자리를 찾아갑니다.

· · ·

염려가 발생하고 흘러가는 과정은
모두 자동화된 프로그램이다

일반적으로 병적인 불안을 겪는 환우분들은 작동되고 있는 염려를 자신의 순수한 생각이라 여기고, 일반적으로 해결하려 하지만, 병적인 불안이 작동하고 있는 염려는 발생부터 진행되는 스토리의 내용까지 모두 하나의 자동화된 반응입니다. 어떤 한 주제를 포착해서 확인하게 하고, 의심하게 하고, 해결하게 해서, 안심을 구하도록 설계된 하나의 프로그램입니다. 이 프로그램에 어떤 주제가 설정되느냐에 따라 그 내용만 달라질 뿐이지 시작부터 끝까지의 흐름은 모두 동일한 패턴으로 흘러갑니다. 설정 또한 병적인 불안이 무작위로 선택하는 것이기 때문에 환우분들의 의도가 관여된 부분은 하나도 없습니다.

환우분들이 해야 하실 일은 자신이 겪고 있는 병적인 염려가 이러한 원리로 작동되고 있다는 사실을 정확하게 인지하시고, 마치 비상시 건물의 도면을 보고 건물의 세부적인 곳까지 한눈에 파악해 적절하고 신속하게 대피할 수 있도록 하는 통제 능력을 발휘하듯이, 자기 머리에서 일어나고 있는 염려프로그램을 건물도면 보듯 보고 최대한 염려 발생 초기부터 개입해 알아차리고 멈추고 무시하는 통제 능력을 발휘하셔야 하는 것입니다. 그래야 불안염려가 아직 작은 불씨일 때 진화시켜 커다란 존재로 내 안에 뿌리내리는 것을 막을 수 있습니다. 그래야 그냥 지나치게 할 수 있습니다. 알아차리고 멈추고 무시하는 시기가 늦어질수록 불씨는 더욱 커져 큰불이 되고, 그렇게 되면 염려와 불안 각종 신체 반응까지 모두 더 크고 더 강해진 상태로 더 오래 겪으셔야 합니다.

아무리 염려가 일으키는 생각을 해결하려 해 봐야 찾을 수 있는 답은 없다는 사실을 명심하시기를 바랍니다. 절대 안심할 수 없다는 것을 명심하시기를 바랍니다. 염려를 해결하려 불안염려의 프로그램 속으로 점점 더 빠져들수록 이들과 더 깊이 이어질 뿐이라는 사실을 꼭 기억하시고 최대한 빨리 빠져나오셔야 합니다. 불안염려에서 벗어나는 길은, 병적인 염려임을 알아차리고, 멈추고, 무시하는 것뿐입니다. 모든 염려의 상황에서 자신에게 이러한 사실을 매 순간 상기시키고, 생각을 해결하려 하는 염려의 흐름에 자신도 모르게 딸려 갈 때, 알아차리고 멈추고 무시하시기를 바랍니다. 이 과정이 반복되면 본능적으로 알아차리고 견제할 수 있게 됩니다. 무시하기도 계속 반복하면 자동화가 된다는 말입니다. 이렇게 되는 동안 염려를 발생시키는 근본적인 프로그램도 함께 녹아 염려가 나타나는 횟수나 불안의 강도도 점점 작아지고 뜸해지며 결국 사라지게 됩니다. 모든 생각이 다시 평범한 상태로 흘러가게 됩니다. 항상 깨어 있는 의식으로 자기 머리에서 일어나는 생각들을 보고 관리하는 관리자가 되시기를 바랍니다. 체계적으로 관리가 되면 혼란스러움도 정리가 되기에 불필요한 불안도 줄일 수 있습니다. 재앙 사고 부분에서도 말씀드렸지만, 현재 재생 중인 염려를 무시하는 순간의 행위들은, 동시에 근본적인 염려프로그램도 같이 지워가는 행위라는 사실을 다시 한번 기억해 주시기를 바랍니다. '지금 내가 무시를 잘해야 근본적인 프로그램도 지울 수 있어, 근본적인 프로그램이 지워져야 이 자잘한 염려들도 결국 영원히 나타나지 않아. 나는 지금 그걸 하고 있어.'라고 이 사실을 떠올리며 무시하시기를 바랍니다.

• • •

지금 당장 확인하거나 해결을 해 안심하게 하는 그 병적인 불안감이 문제

계속해서 말씀드리지만, 병적인 불안은 환우에게 한가지의 주제를 던져주고, 그 생각을 해결하거나 확인하는 등의 행동을 반복하도록 해 결과적으로 안심을 구하도록 유도합니다. 실제로 자신이 염려에 반응해 행동하고 있는 패턴들을 잘 살펴보면 쉽게 확인이 될 것입니다. 그런데 이러한 현상이 불안장애의 병적인 불안이 최종 지휘자로 기저에서 지휘하고 있기 때문에 나타나는 것이라는 사실을 자각하기만 해도, 이 염려에 쉽게 속아 넘어가지는 않습니다. 조용하게 뒤에서 조종하고 있는 매우 자극적이고 두려운 특유의 불안감으로 인해 이 불안염려를 무시하는 게 말처럼 쉽진 않겠지만, 그래도 이러한 자각으로 인해 처음처럼 속수무책 염려의 내용에 완전히 함몰되지는 않습니다.

지금 나에게 일어나는 현상의 원인이 무엇인지에 대해 아는 것은 매우 중요한 일이라고 앞에서도 계속 말씀드렸듯이, 그 원인을 알아야 무한정 반복되는 염려에 대한 반응 행동들을 줄여나갈 수 있고 근본에서도 소멸시킬 수 있습니다. 그래서 여러분들께서는 항상 자신이 하는 불안염려의 최종 지휘자가 자신이 아닌 병적인 불안이라는 사실을 제대로 이해하고 자신의 염려를 바라보고 견제하시기를 바랍니다. 자신이 지금 당장 무엇인가를 두려움과 불안으로 인해 해결하고 확인해서 안심을 찾으려고 할 때 그것은 내 순수한 의도나 진심이 아닌 병적인 현상이라는 것을 정확하게 인지하시기를 바랍니다.

저의 불안염려가 한창 기승을 부리던 시절에 평소에는 전혀 신경 쓰지 않던 아파트 생활 소음에 병적인 불안이 침투했던 적이 있습니다. 별생각 없었던 아랫집 아니면 윗집에서 들려오는 작은 소리에 '저 소리가 환청이 아닐까?'라는 불안염려가 강력한 두려움과 함께 침투한 것입니다. 병적인 염려가 그 소리를 건드려 놓았기에 그 후부터는 그 소리가 들릴 때마다 불안과 두려움이 함께 나타났고, 계속 그 소리의 정체를 찾아 확인하려 했습니다. 그 소리의 정체를 찾아 그 소리가 제가 두려워하는 환청이 아니라는 사실을 확인해 안심하고 싶은 것이었습니다.

그래서 소리를 더 집중해서 듣거나, 윗집 아랫집으로 찾아가 문밖에서 몰래 귀를 대고 소리의 근원을 찾으려 했습니다. 또 머리에서는 뇌에 저장된 소리와 관련된 기억을 떠올려 소리의 정체를 파악하려는 생각의 흐름이 나타났고, 시간이 흐르면서 비슷한 소리에서도 똑같은 반응이 나타나기도 했습니다. 일반화가 된 것이지요. 이렇게 한눈에 보이듯 흘러가는 염려에 대한 올바른 지식과 깨달음이 없으면 환우는 그 염려를 해결하려는 생각에 갇히게 되고, 점점 더 그 생각에 빠져들고 집착하게 됩니다. 환우의 온 시간이 그 생각을 해결하기 위해 존재하게 됩니다. 환우는 이제 점점 더 비정상적이고 비합리적인 인지 상태로 빠져들고, 온몸과 마음은 불안과 긴장감으로 녹초가 됩니다. 하지만 저의 경우, 모두 염려 초기에 이러한 현상들이 '병적인' 것이라는 것을 인식할 수 있었기에 비교적 빨리 빠져나올 수 있었고, 강박행동으로 길게 이어지지는 않았습니다. 만약에 저도 병적인 염려에 대한 올바른 깨달음이 없었다면 이 병적인 염려의 생각들을 해결하려는 시간을 더 길고 오래 보냈을 것입니다.

· · ·

아무리 확인해도 안심할 수 없다

일반적인 상황에서는 염려를 일으켰던 문제 상황이 해결되고 나면 자연스레 마음에 안정이 찾아오고 그 문제와 염려는 종료가 되어 소멸해 버리지만, 불안장애에서 나타나는 병적인 염려는 해결할 문제 상황이 실제로 있는 것도 아닐뿐더러, 한 번의 확인이나 해결로는 끝이 나지 않습니다. 아니 아무리 확인해도 끝이 나지 않습니다. 뫼비우스의 띠에 갇힌 듯 똑같은 자리를 계속해서 맴돌게 됩니다. 불안장애의 정상적이지 않은 불안이 기저에서 이러한 현상을 만들어 내고 있어, 아무리 확인하거나 해결해도 그 병적인 불안이 환우를 그 생각에서 해방 시켜 주지 않을 것이기에 절대 안심으로 전환될 수가 없는 것입니다. 이러한 불안염려의 대표적인 예로는 가스 밸브나 수도꼭지의 잠김 여부 확인, 자동차 문 잠금 여부 확인 등을 들 수 있습니다. 이 염려의 특징은 가스 밸브나 수도꼭지가 잠겨있는 걸 눈으로 보거나 확인했음에도 마음에서는 명확한 확인감이 느껴지지 않아 안심할 수 없기 때문에 반복해서 확인하게 되는 것입니다. 돌아서면 확인한 것에 대한 불안감이 다시 불쑥 올라와 또 확인하고 확인하는 것입니다.

이럴 때 자신이 떠올려야 할 적절한 생각은 '병적인 불안이 애당초 아무리 확인해도 안심할 수 없는 불안감을 기본값으로 설정해 두었기 때문에, 내가 지금 아무리 확인해 봐야 아무 소용이 없어.'라는 것이며, 이 생각을 중심에 두고 모든 확인하는 행위를 중단하는 노력을 하셔야 합니다. 반복적으로 그 불안감을 물리치고 확인하지 않는 행동적 경험을 통해 '아, 확인 안 해도 괜찮더라.'라는 확신의 경험을 나의 뇌속에 실제적인 증거로써 쌓아 가셔야 합니다. 이렇게 쌓여 가는 확신의 경험들이 자신이 무엇인가를 확인하려는 순간마다 떠올라 확인을 중단하는 노력을 지지해 줄 것입니다. 이러한 경험의 힘이 확인하고 싶은 불안감보다 강해질 때 확인을 중단하는 시도는 훨씬 쉬워지고 확인하려는 불안감은 점점 약해집니다. 그 불안감이 가짜라는 믿음이 경험을 통해 더 강해지고 단단해지기 때문입니다. 앞에서도 말씀드렸듯이 불안염려를 확인하거나 해결하기 위한 행동을 하는 것은 오히려 반대로 이 불안염려와 더 강하게 결속되는 것이라는 사실을 항상 명심하셔야 합니다. 아이러니하게도 병적인 염려에서만큼은 그 생각을 확인하거나 해결하기 위해 어떤 행동을 시도할 때 오히려 염려는 더 강화되고, 반대로 확인하거나 해결하려는 행동을 하지 않고 무시할 때 염려는 약해지며 사라집니다.

많은 환우분들이 이러한 사실을 제대로 알지 못한 채, 생각을 생각으로 해결하는 방법을 오랜 시간 시도해 오시면서 오히려 해결하려 했던 불안염려에 더 많이 사로잡혀 힘들게 생활하시는 것을 많이 보아 왔습니다.

그보다 더 먼저 자신이 확인하거나 해결하려는 생각들이 병적인 불안의 한 증상이라는 사실조차 알지 못하고 있다는 사실이 더 심각한 문제 상황이었습니다. 부디 지금까지 제가 말씀드린 불안염려에 대한 내용을 잘 이해하셔서 여러분들이 지금 확인하거나 해결하려 하는 생각들이 병적인 불안이 만들어 내는 증상이라는 사실을 알아차리시고 해결하려 하는 생각이나 행동을 멈추어 주시기를 바랍니다. 반응하면 할수록 오히려 더 이 불안염려의 손아귀에서 벗어날 수 없다는 사실을 꼭 기억하셔서 올바르게 대처하시기를 바랍니다. 그래야 병적인 염려의 뫼비우스의 띠에서 벗어날 수 있습니다.

· · ·

염려(재앙사고)는 그 상황을 회피하게 만들고
환우의 생각을 비관적으로 끌고 간다

염려의 또 다른 부적응적인 행동으로는 염려하는 대상이나, 상황을

121

회피하는 현상이 있습니다. 염려의 부정적인 결과에 대한 병적인 불안과 두려움 때문입니다. 이러한 회피 현상 역시 일상생활에서 얼마든지 일어나는 현상이지만, 염려에서의 경우 비정상적으로 반복되며, 실제로 부정적인 결과가 일어날 문제도 아니라는 것입니다. 이러한 회피 현상 역시 병적인 염려에 대한 지식의 부재로 아무런 의식의 여과 과정 없이 무의식적으로 이루어집니다. 공황발작을 처음 경험했던 장소에 다시 가지 않거나, 고층과 관련된 재앙사고로 인해 고층에 가지 않는 등의 회피 현상, 또 약 부작용에 대한 염려로 약 복용을 회피하거나, 사람들과의 만남에서 자신만 소외될까에 대한 염려로 그 만남을 회피하는 등의 다양한 모습으로 나타납니다. 또 사과를 먹고 미처 다 삼키지 못해 목에 남아있는 사과 부스러기의 걸리는 느낌이 목 이물감이라는 신체 증상이 아닌가를 염려해 사과 먹는 걸 회피하는 경우도 있습니다.

이러한 회피 현상은 너무나 다양하게 나타납니다. 병적인 염려의 이차적인 결과인 회피행동을 유발하는 일차적인 염려가 일상생활의 아주 다양한 곳에서 나타나기 때문입니다. 회피하면 그 순간은 일시적으로 마음에 안심을 가져올 수는 있습니다. 당장에 그 불안하고 두려운 상황에 놓이지 않으니 말입니다. 하지만 회피하는 상황이 많아지면 우리가 의식하지는 못해도 우리의 내면은 자신도 모르게 점차 위축되어 자신감과 자존감의 하락을 가져옵니다. 환우는 이렇게 떨어진 자존감을 보호하려 자신의 회피행동이나 상황을 합리화하거나 자신이 이런 증상을 경험할 수밖에 없는 처지를 비관하며 우울해하기도 합니다.

우리는 나와 나를 둘러싼 환경, 그리고 그 환경 속에서 일어나는 일들을 스스로 관리하고 해결할 수 있어야 합니다. 나와 나의 삶에 대해 자신감과 믿음을 가질 수 있도록, 모든 걸 스스로 해결하고 관리할 수 있어야 합니다. 그 관리 영역 안에는 당연히 이 불안장애의 다양한 증상도 포함되어야 합니다. 아니 우리에게 가장 심각한 영향을 미치고 있는 이 불안장애의 증상을 가장 잘 관리할 수 있어야 합니다. 이렇게 자신과 관계된 일들을 스스로 해결하고, 관리 할 수 있을 때 우리는 자신감을 얻고 마음 깊은 곳에서부터 자신을 진심으로 믿게 되며, 그 믿음이 안정되고 단단한 내면을 만들어 줍니다. 내면이 단단해질수록 불안강박을 대하는 능력도 강해지고 그들의 존재는 약해집니다.

그러기 위해 자신이 불안염려의 상황을 회피하려는 순간, 의식적으로 그 사실을 알아차리고, 조금씩 회피 상황에 직면해 가시기를 바랍니다. 회피하려는 이유가 자신의 순수한 의도가 아닌, 병적인 불안이 만들어 내는 염려 때문이라는 사실을 떠올리시기를 바랍니다. 절대 부정적인 결과는 발생하지 않을 것이고, 이건 그냥 생각 영역의 문제라는 사실을 떠올리시기를 바랍니다. 그렇게 자꾸 직면하다 보면 자신감은 상승할 것이고, 회피 상황은 점차 두렵지 않게 될 것이며, 염려와 불안도 해결이 될 것입니다. 두려움과 불안을 해결할 수 있는 최고의 방법은 직접 그 상황에 뛰어들어 부딪히는 것뿐입니다.

· · ·

문제는 염려에 동반되는 병적인 불안을
얼마나 잘 이겨 내느냐이다

결국 문제는 염려가 나타날 때 가슴에서 불쑥 떠올라, 염려를 지지하는 그 병적인 불안을 얼마나 잘 이겨 내느냐가 이 염려에서 해방이 되냐, 되지 않느냐를 판가름 짓는 아주 중요한 열쇠가 됩니다. 저도 오랜 시간 동안, 이 병적인 불안을 동반한 염려를 수없이 겪어 보았습니다. 이 불안염려는 제 생각을 장악해 하루 종일 나타날 때도 있었고, 간헐적으로 나타나기도 했으며, 강하게 나타나기도 했고, 잠시 소강상태일 때도 있었습니다. 마치 강해졌다 약해졌다 출렁거렸다 잔잔해졌다 하는 파도처럼 출렁출렁거렸습니다. 모든 불안장애의 증상들이 자연에서 일어나는 날씨의 변화처럼 한순간도 똑같은 패턴으로 정형화되어 나타나지 않았습니다. 이렇게 시시때때로 변화하며 다른 모습과 형태로 나타나는 불안장애의 증상들을 겪어 가는 동안 당연히 저의 대처 방법이나 태도에도 변화가 생겼습니다. 불안염려가 강하고 거세게 나타날 때는 그 강한 힘에 속아 넘어가지 않으려 더 정신을 집중하고 긴장을 놓지 않았습니다.

이것은 마치 외줄 타기와 같아서 한순간이라도 정신을 놓으면 땅바닥으로 추락하는 것 같이 아슬아슬했습니다. 단단히 잡고 있던 정신의 줄을 잠깐이라도 놓치면, 저는 불안염려의 저 깊은 땅속으로 떨어져 그들이 파놓은 함정 속에서 불안과 두려움을 점점 더 키워 가야만 했습니다. 그 한 번의 실수는 그만큼 더 저를 이 병에 길게 붙들어 두는 결과를 낳았기에, 그렇게 되지 않기 위해 저는 매 순간 저의 정신을 더 단단하게 붙들어야 했습니다. 강하지 않을 때도 긴장을 늦추지 않았습니다. 언제 어디서 병적인 염려가 나타나 내 생각을 장악해 올지 모르기에, 언제 나타나더라도 즉시 견제가 가능하기 위한 마음의 준비를 항상 하고 있어야 했습니다. 그것은 어떻게 보면 매우 힘들고 피곤한 일처럼 보일 수도 있습니다. 하지만 그렇지 않았습니다. 그것은 언제 나타날지 모를 적에 맞서기 위해 공포에 떨며 억지로 버티는 것이 아니었습니다. 그것은 그저 조용히 정신을 집중해서 저의 생각, 저의 몸, 저의 마음에서 일어나는 일들을 계속해서 의식으로 지켜보며, 염려가 나타날 때 일어나는 현상에 대해 더 정확하게 보고 배우는 좋은 배움의 과정이었습니다. 기존에 알고 있던 지식을 한 번 더 검증해 보는 과정이었습니다.

당장 해결해야만 안심이 될 것 같은 그 자극적인 불안은 사람을 극도로 초조한 상태로 몰아갑니다. 자신이 엄청나게 위험한 상황에 놓여 있는 것처럼 만들어 버리는 이 불안은 당장에 이것을 해결해야만 내가 그 위험한 상황에서 벗어날 수 있을 것 같습니다. 병적인 염려가 진행 중인 환우의 관점에서는 당장에 그것을 해결해야 합니다. 그렇지 않으면 나는 지금 당장 큰일을 겪게 됩니다. 이러한 불안을 저 역시 지겹도록 겪어 봤지만 무시하기가 쉽지는 않습니다. 그래서 계속해서 확인하고, 검사하고, 찾고, 묻는 등의 행동을 반복할 수밖에 없습니다. 저는 그런 행동을 반복할 수밖에 없는 분들의 심정과 상태를 너무 잘 이해합니다. 정말 그럴 수밖에 없습니다.

자극적이지 않더라도 뭔가 안정감이 느껴지지 않고, 뭔가 찜찜하고 자꾸 떠오르게 해서 불안하게 만드는 정서도 있습니다. 이런 불안정서도 자극적이고 강하진 않지만, 소리 없이 사람을 코너로 몰아갑니다. 주로 이런 불안정서는 명확한 확인감을 느끼지 못하게 합니다. 저의 경우 책 읽는 것에 대한 병적인 불안이 증상으로 나타나서, 제가 읽은 책의 내용이 제대로 이해가 된 건지 아닌지에 대한 불안감으로 인해, 읽은 내용을 반복해서 읽었던 경험이 있습니다. 이 특유의 찜찜함과 뭔가 불명확한 묘한 정서가 근원에서 작용해, 제가 읽은 책의 내용에 대해 이해가 되었다는 명확한 확인감을 느낄 수 없었습니다. 물론 이 현상도 몇 번의 경험을 통해 뭔가 이상함을 감지하고 '아, 이 역시 병적인 불안이 만들어 내는 술책 중 하나이구나.'라는 깨달음을 얻으며 무시하기 시작했습니다. 이해에 대한 명확한 확인감이 없어도 읽은 부분은 반복해서 읽지 않고 넘어가거나, 잠시 미루어 두었습니다. 그렇게 알아차리고 무시해서 이 증상도 강박화 되지 않았습니다. 이처럼 병적인 불안은 다양한 염려들을 만들어 내며 강력한 영향력을 행사하기에, 그 불안감을 아무 어려움 없이 단번에 무시하는 것은 누구에게나 어려운 일입니다. 저도 많은 시행착오를 겪으며, 오랫동안 터득하고 반복된 것들이 점차 강화되어 감에 따라 무시하기도 점점 쉬워졌습니다.

그러니 여러분들도 한 번에 쉽게 무시가 안 된다고 좌절하거나 포기하지 않으셨으면 좋겠습니다. 저도 처음엔 막막했고 어려웠지만 많은 시간과 반복되는 경험을 통해 서서히 수월해져 갔습니다. 한 번에 하나씩 천천히 지금 염려가 나에게 나타날 때 피하지 않고, 아무 대책 없이 흘려버리지 않고, 그 한번을 최대한 잘 활용해 공부하고 터득하는 기회로 겪어 내시면 됩니다. 결국 그 하루들이 모여서 커다란 불안염려의 방어막이 되어 줄 테니까요.

아무리 강한 충격적인 사건들도 시간이 지나면 무뎌지고 약해집니다. 이것은 비단 우리의 불안장애의 증상에만 국한된 이야기는 아닙니다. 세상 진리가 그렇습니다. 우리 인간은 힘들고 어려운 일을 겪어도 그것을 딛고 일어나 행복하게 살아갈 수 있도록 만들어졌습니다. 우리의 이 지독한 불안 역시 자꾸 겪다 보면 무뎌지고 약해집니다. 하지만 겪을 때마다 그 불안염려가 나를 당장 어떻게 할 거대하고 무서운 존재로만 변함없이 대한다면, 불안염려는 그 상태에 계속 머물러 있을 수밖에 없습니다. 겪을 때마다 더 반응하지 않고, 더 강하게 무시하는 모습을 보여야 하고 그렇게 대하겠다는 자세로 임하셔야 합니다. 거대하고 강력한 자석에 끌려가듯 그 불안감들이 나를 계속해서 확인하도록 끌어당기겠지만, 그 순간 올바른 지식을 머리에 퍼뜩 떠올려 끌려가지 않도록 노력하셔야 합니다. '이 생각을 확인하는 것은 병적인 불안감 때문이야. 확인하면 할수록 나는 여기서 더 벗어나지 못해. 대신 무시하면 할수록 염려와 불안은 작아져. 그러니 확인하지 말고 무시하자. 이것은 증상일 뿐이야.'라고 떠올리시는 올바른 생각들이 그 자석의 힘을 약화시키는 무기가 될 것입니다. 이렇게 계속해서 그 불안감을 이겨 내고 무시하다 보면 그 불안감은 점차 약해지고 불안감이 약해지니 염려 역시 작아져 힘을 못 쓰게 됩니다.

그리고 이렇게 무시하기를 통해 불안염려를 이겨 냈고, 결국 사라지게 해 본 좋은 경험들이 미래에 나타날 불안염려에 대응할 강한 무기가 되어 줄 겁니다. 하나라도 그냥 흘려버리지 마십시오. 쓸 만한 것들은 모두 불안염려의 극복을 위해 활용하셔야 합니다. 지금 나에게 도움이 되는 것이라면, 어떤 것이라도 떠올려 긍정적인 방향으로 자신을 잡아 가셔야 합니다. 한 번이라도 좋은 경험이 있다면 '지난번에도 확인 안 하고 무시했더니 사라졌어. 사라지고 나니 그 생각이 나지도 않고 전혀 불안하지 않았어.'라고 떠올리면서 불안염려를 견제할 수 있으실 겁니다.

이러한 좋은 경험은 일단 한 번의 성공이 있어야 하기에, 부디 병적인 불안에 딸려 가지 마시고, 멈추고, 무시해서 흘려보내시기를 바랍니다. 그렇게 하다 보면 사라집니다. 그 경험이 계속 쌓일수록 불안염려에 대응할 무기는 더 강해질 겁니다. 좋은 경험, 확신의 경험을 많이 쌓아 나가셔야 합니다. 그것이 곧 해결책입니다. 염려가 일어나는 순간, 지금 내가 어떻게 하느냐에 따라 좋은 경험을 많이 쌓아 갈 수 있습니다. 지금은 염려에 관한 이야기를 하고 있지만, 불안장애의 모든 증상에 해당하는 이야기이기도 합니다. 이 병은 기본적으로 무시하기를 해야 하며, 무시하다 보면 좋아지고 저절로 해결됩니다. 지속적이고 꾸준한 무시하기를 통해 증상들이 사라지는 좋은 경험을 많이 쌓아 나가시기를 바랍니다. 경험만큼 훌륭한 선생님도 답도 없습니다.

. . .

불안염려에서 불안이 분리되면 그 불안염려는
힘없는 평범한 생각으로 돌아간다

병적인 불안이 일반적이고 평범했던 하나의 생각을 포착해 불안염려로 둔갑시키면 이제 그 생각은 더 이상 평범한 생각이 아니게 됩니다. 이제 그 생각은 환우를 불안과 두려움의 세상으로 밀어 넣어 자신의 포로로 삼습니다. 이러한 사실은 제가 지금까지 말씀드린 내용을 떠올려 보면 이제 쉽게 이해가 되실 겁니다. 그런데 이 병적인 불안과 두려움으로 포장된 염려를 해결하거나 확인하려는 등의 행동이나 생각의 반응 없이 꿋꿋하고 흔들림 없는 자세로 계속 무시하면 결국 이 병적인 염려는 병적인 불안이 제거되며 뒤로 물러납니다. 불안하고 두려웠던 염려의 생각들이 평범했던 일상의 생각으로 다시 돌아오게 되는 것입니다.

병적인 염려가 물러난 후 염려의 생각이 다시 평범한 상태로 돌아오면, '내가 왜 그렇게까지 이 생각을 불안해하고 두려워했지?'라고 생각하며 웃음이 나오기도 합니다. 그렇게 나를 불안하고 두려워하게 했던 대상이 전혀 그렇게 느껴지지 않습니다. 너무나 위중해서 내가 엄청나게 위험한 상황에 놓인 것처럼 느끼게 했던 그 불안염려의 상황을, 평범해진 생각 상태에서는 일부러 떠올려 재연해 보려 해도 되지 않습니다. 왜냐하면 이미 병적인 불안이 생각과 분리되어 사라졌기 때문입니다. 그래서 억지로 해도 되지 않는 것입니다.

염려가 우리에게 올 때 우리가 억지로 막을 수 없듯이, 사라지는 것도 우리가 억지로 막을 수 없습니다. 우리는 다만 일관되고 올바른 태도를 유지하며, 무시하고 반응하지 않으면 됩니다. 그러면 이렇게 왔다가 갑니다. 그게 최선이고 최고의 방법이라고 이미 앞에서 말씀드렸던 것을 기억하실 겁니다. 이렇게 병적인 염려가 왔다가 물러나 평범한 생각 상태로 돌아왔을 때, 여러분들께서는 그냥 '아, 드디어 병적인 염려가 물러갔구나. 아, 이제 괜찮은데?'라고 안도만 하며 아무것도 하지 않을 것이 아니라, 지금의 이 순간을 정리하는 작업을 하셔야 합니다. 병적인 염려는 한번 사라졌다고 영원히 나타나지 않을 것이 아니기에, 지금의 이 경험이 후에 나타날 염려를 물리칠 무기로 잘 쓰일 수 있도록, 단단히 기억하셔야 합니다. 저 같은 경우는 불안강박 극복을 위한 노트를 마련해 도움 되는 글들을 필사했었는데, 그 공간에 같이 기록하며 정리를 해 갔습니다. 불안염려가 나타나고 있을 때의 생각의 내용이나 흐름의 방향, 신체나 정서의 상태들을 불안염려가 사라지고 난 후와 비교해서요. 이렇게 구분해서 정리를 해두면 정상적일 때와 병적일 때가 뚜렷하게 인식되기 때문에, 앞으로 나타날 병적인 염려를 더 쉽게 구분해 낼 수 있게 되고, 그 결과 염려의 발생 초기부터 개입해 진압하는 것이 훨씬 쉬워집니다.

저 역시 잠복해 있던 동일한 염려가 다시 나타나거나, 다른 내용의 염려가 새롭게 나타날 때 정리해 둔 내용을 떠올려 초기부터 진화할 수 있었습니다. 병적인 염려를 제대로 처리하기 위해서는 항상 올바른 생각들을 적재적소에 떠올려 자신을 유혹하는 병적인 생각들을 방어해야 한다고 몇 번 말씀드렸습니다. 그러기 위해서는 이렇게 염려의 전후 상태를 비교해 정리하는 작업이 크게 도움이 되실 것입니다. '이 염려들, 결국 내가 무시해서 사라지고 나면, 아무런 힘도 없는 잡념일 뿐이야. 지금은 병적인 불안이 잠깐 함께하고 있어서, 이 생각이 두렵게 느껴지고, 이 생각을 해결해야 내가 안전할 것 같지만, 지나가고 나면 이렇게 두려워해야 할 대상이 절대 아니야. 지금은 일단 무시하자.

걱정하고 해결을 하더라도 이 병적인 염려가 사라지고 난 후에 하자. 지금은 어떠한 짓을 해도 정상적인 결과가 나올 수 없어. 지나고 나면 언제 그랬냐며 웃음까지 나오는 거 우리 수없이 겪어 봐서 너무 잘 알잖아. 무시하자!' 이렇게 저는 저 자신에게 말하며 불안염려의 유혹에서 저를 지켜내고 앞으로 이끌어 갔습니다. 이런 식의 작은 방법들이 별거 아닌 것처럼 보여도 결국 이런 작은 방법들이 모이고 모여 큰 결과를 이루어 냅니다. 여러분들도 불안염려를 보다 더 쉽게 극복할 수 있도록 이런 작은 방법들을 실행해 가시기를 바랍니다. 이 불안장애의 증상들은 절대 한 번에 사라지지 않는 속성을 가지고 있습니다. 언제든 다시 나타날 수 있고, 아주 오랜 시간이 지나서도 다시 나타날 수 있습니다. 그럴 때마다 제대로 대처할 수 있는 능력을 자신이 보유하고 있다면, 염려가 다시 나타나는 건 전혀 문제 되지 않습니다. 반복해서 말씀드리지만, 이런 게 모두 가능해지려면 생활 중에 불안염려가 언제든 갑자기 나타나더라도 바로 알아차리고 무시할 수 있는 태세로 전환이 될 수 있도록, 많이 읽고 많이 보고 많이 겪어 보시기를 바랍니다. 본능에서 체득이 되어야 합니다. 조건화가 되셔야 합니다. 매 순간을 그냥 흘려보내지 마십시오. 매 순간 자신이 어떻게 하느냐에 따라 앞으로 다가올 나의 미래가 달라질 수 있습니다.

· · ·

염려(재앙사고)는 발생 초기 각인되는 만큼
강도와 지속시간이 정해진다

앞에서 재앙사고를 설명하면서도 말씀드렸듯이, 병적인 염려도 초기부터 진압하고 가는 게 가장 이상적입니다. 염려의 발생 초기 함께 동반되는 불안이 어느 정도로 우리 뇌에 각인이 되느냐에 따라 후에 나타날 증상의 강도나 지속시간이 결정되기 때문입니다. 발생 초기 염려나 재앙사고에 대한 아무런 자각 없이 그 두려움과 불안에 무방비 상태로 강하게 반응해 버리면, 그 순간의 반응이 자신의 뇌에 그대로 각인이 되어, 후에 따라오는 불안과 염려의 힘, 신체 증상들도 강하게 나타나고 오래 지속됩니다. 잔잔한 호수에 거대한 바위를 던지면 잔잔했던 호수의 물은 온갖 부유물들과 함께 강하고 거세게 요동칩니다. 강하게 요동쳤던 호수의 물이 다시 잔잔해지고, 정신없이 휘몰아치던 부유물들이 바닥에 다시 가라앉으려면 그만큼 오랜 시간이 필요한 것과 같은 이치입니다.

우리가 겪는 불안장애의 증상들이 나타내는 현상들은 자연과 유사합니다. 우리 인간도 자연의 일부이고, 이 병도 우리의 일부이니 그럴 것입니다. 힘들고 지칠 때는 자연의 이치를 많이 떠올리며 이겨 내려 노력했습니다. 신기하게도 그렇게 하면 힘든 것들이 자연스럽게 받아들여졌고, 저는 또 그 순간을 잘 지나갈 수 있었습니다. 이렇게 강한 힘으로 불안염려가 우리 뇌에 각인이 되더라도, 그렇더라도 괜찮습니다. 뒤늦게라도 이러한 것들이 병적인 염려임을 알아차리고 더 강한 자세로 정신을 집중해 무시하고 정리해 가면 진화까지 시간을 단축시킬 수 있습니다. 강한 불안감도 의외로 빨리 진화가 됩니다.

제가 비교적 잘 지내다 언젠가 제때 불안염려를 제대로 무시하지 못해, 그 불안염려에 강하게 반응한 적이 있었습니다. 며칠 고생을 하다가 마음이 조금씩 차분해지면서, '아, 이건 뭔가 좀 정상적이지 않은 거 같은데? 이거 분명히 불안이 함께하고 있고, 내가 지금 자꾸 확인하려 하네. 자꾸 맞다고 하는데도 계속 묻고 있잖아? 가만 보니 내가 지금 겪고 있는 게 그 무서운 증상이 아닐까?'라고 의심하고 불안해하며 '자꾸 확인하려 하고 있잖아.'라는 생각과 함께 저의 상황이 제대로 인식되기 시작했습니다. 그때부터 바로 정신을 차리고 제대로 무시하기 모드로 돌입했고 제가 예상했던 것보다 훨씬 빨리 그 강한 불안염려를 진화할 수 있었습니다.

이것이 정확하게 '병적인 염려 증상이 맞아.'라고 확인한 순간 모든 불안과 생각들을 강하게 무시할 수 있었기에 진화도 빨랐던 것입니다. 병적인 염려라고 확신한 후부터는 주저하거나 돌아보지 않았습니다. 아무리 불안이 유혹해도 오랜 시간 훈련된 강하고 꿋꿋한 저의 의식이 중심에 서서 그렇게 해주었습니다. 반면에 염려가 나타나는 순간이 어떠한지를 정확하게 알고 있다가 그 순간 '이거 염려네!'라고 즉시 알아차리고 빠른 견제를 하게 되면 강한 각인을 막을 수 있습니다. 강하게 각인되지 않거나, 존중받지 못한 생각과 불안들은 그만큼 약하고 빠르게 지나갑니다. 그냥 평범한 생각처럼 아무 반응 없이, '어, 그냥 지나가 염려야~~.'라고 하면 정말 그냥 지나갑니다. 한 번에 지나가는 것도 많고, 며칠씩 시간을 들이며 나에게 밀고 당기기를 해오는 경우도 많습니다. 하지만 대처 반응은 동일합니다. 알아차리고 라벨링하고 무시하면 결국 하나하나 소멸의 길로 사라집니다.

불안염려를 계속해서 무시하면,
불안과 함께 그 내용을 떠올려 의식되게 한다

병적인 불안이 어떤 생각을 불안으로 염려하게 하거나, 아니면 어떤 상황이나 대상을 확인하게 하는 등의 증상으로 나에게 침투해 올 때, 그 현상이 병적임을 정확하게 파악한 후 반응하지 않고 내버려 두면, 이제 염려의 내용이, 가슴에서 불쑥 떠오르는 불안감과 함께 나의 머릿속에 계속해서 의식되어 떠오릅니다. 자꾸 건드려 보는 겁니다. 꿈쩍하지 않고 반응하지 않는 환우를 다시 자신의 유혹으로 끌어들이려 하는 것입니다. 환우가 자신의 유혹에 넘어가 다시 염려를 해결하거나, 확인하도록 유도하는 것입니다. 이렇게 자꾸 염려가 자신의 의식에 떠올라 아무리 유혹하더라도 절대 반응하지 말고, 냉정하고 차분한 자세로 머리와 가슴에서 나타나는 현상들을 철없이 뛰어노는 아이들 보듯 바라보며, 무시하시기를 바랍니다.

아무리 유혹해 오더라도 요지부동의 자세로 계속해서 무시하면 결국은 불안염려가 포기하고 어느 순간 물러갑니다. 며칠 후 물러났던 불안염려가 또다시 나를 건드려 볼 수 있습니다. 이때도 역시 동일한 자세로 반응하지 않고 무시하면 결국 그 불안염려는 영원히 나타나지 않습니다. 만에 하나 자신이 불안염려의 유혹에 속아 염려를 위한 행동을 하게 된다면, 그만큼 또 그곳에 정체되는 겁니다. 나의 잘못된 대응으로 불안을 스스로 양육할 수도 있다는 것을 아셔야 합니다.

우리는 앞으로 나가야 합니다. 불안과 염려를 잘라내고 무시하면서 나의 일상생활을 하나도 포기하지 않고, 흐트러짐 없는 자세로 당당하게 살아 나가야 합니다. 불안염려에게 내 소중한 생활의 한 조각도 내어주지 마십시오. 불안염려에 맞서 단단하게 살아 나가다 보면 나는 이 세상 어떤 것이 와도 굴하지 않을 강한 사람이 되어 갑니다. 그럴 수밖에 없습니다. 이 강하고 두려운 불안의 에너지가 쉬지 않고 나를 공포 속으로 밀어 넣으려 유혹하는데, 그 강한 공포와 두려움을 참아내고 반응하지 않으려면 얼마나 강한 의지와 정신력이 내게 필요하겠습니까. 그것은 그 불안과 두려움의 에너지보다 훨씬 더 강해야 합니다. 이 강한 불안과 두려움을 이겨 내는 과정은 그래서 나 자신을 강하게 단련시킬 수 있는 특별한 경험이 되기도 합니다. 그리고 내가 이렇게 강한 의지와 정신력의 소유자가 되어 갈수록 무의식에서 표출되는 기저의 불안도 점점 약해져 갑니다. 그러므로 어떠한 유혹이 일어나더라도 절대 흔들리지 않는 자세로 이들을 대하시기를 바랍니다. 당장은 너무 힘들고 고통스러운 경험일 수밖에 없겠지만, 불안염려를 극복하는 과정은 결과적으로 나를 강화하는 좋은 훈련의 과정일 것이며, 앞으로 이 세상을 살아가는 데도 도움이 될 수 있는 좋은 수련의 시간이 될 것입니다.

. . .

결국 끝까지 남아 환우를 힘들게 하는 것은
염려 견제의 부재로 인한 불안이다

병적인 불안을 보유하며 살아가고 있는 이상, 이 불안염려는 언제 어디서든 나타날 수 있고, 실상 불안장애가 장기화로 접어들며 겪게 되는 큰 불안은 염려와 재앙사고로 활성화된 것이 강하게 반응하는 것입니다. 불안장애가 장기화가 되면 평상시 느껴지는 기분은 크게 불안하지는 않지만 그렇다고 상쾌하고 깔끔하지도 않습니다. 물먹은 스펀지처럼 기분은 무겁게 가라앉고, 마음은 뭔가 찜찜하며 개운하지 않습니다. 우울과 무기력 분노가 동반되기도 합니다. 그런 정서 상태로 생활하다 불안염려가 갑자기 발생하게 되고, 만약 발생한 염려를 제때 견제하지 못해 잔잔하게 깔려있던 불안이 다시 활성화되면 환우는 평상시하고 다른 강하고 힘든 불안을 경험하게 됩니다. 강한 불안이 다시 시작되는 것입니다.

반면 갑자기 나타난 불안염려를 정확한 지식을 빠르게 떠올려 올바르게 견제하고 무시해서 흘려보낼 수 있다면 그 염려는 그냥 지나가는 이벤트가 됩니다. 이 두 가지 경우에서 어떤 결과를 가져올 것인지는 오로지 자신의 대처에 달려 있습니다. 이왕이면 두 번째 경우에서처럼 지나가는 한 번의 이벤트로 정리하는 것이 훨씬 현명할 것이며, 그것이 곧 완치로 가는 길이기도 합니다. 그래서 항상 깨어 있으셔야 합니다. 객관적인 입장으로 불안염려의 처음과 끝 그리고 그사이에 일어나는 모든 현상들을 보고 알아 가셔야 합니다. 그래서 자신의 증상을 스스로 관리할 수 있으셔야 합니다. 지금 나타나는 불안염려에 함몰되지 마시고, 그 흐름과 패턴을 보고 배우셔야 합니다. 자신의 머릿속, 자신의 신체, 자신의 정서는 자신만이 느끼고 알 수 있습니다. 누가 대신해 줄 수 없습니다. 흐름과 패턴은 앞에서도 말씀드렸듯 항상 동일합니다. 저의 불안염려와 관련된 글을 한쪽 머리에 띄워 놓고, 자신이 실제로 겪고 있는 다양한 현상들과 비교해 그것을 파악하고 배우는 기회로

염려를 겪는 순간을 이용하시기를 바랍니다. 그 파악만 제대로 되어 있으면 불안염려는 영원히 문제없습니다.

・・・
불안염려는 두더지 게임과 같다

불안장애가 장기화되면 앞에서도 설명해 드렸듯 이제 불안염려가 환우를 괴롭히는 주된 줄기가 되어 함께합니다. 불안장애 발병 초기에 나타난 강하고 특징적인 증상들은 거의 다 사라졌지만 뭔가 은은하고 지루하면서 잘 티도 안 나는, 불안한 것 같기도 하고 아닌 것 같기도 한데 뭔가 상쾌하지 않은 정서 상태의 불안이 문제로 남습니다. 이 시기에 나타나는 불안염려가 초기의 강렬하고 특징적이고 화려한 증상들보다 대처 면에서 더 힘든 이유는 그것이 우리의 일상생활과 너무 밀접하게 연관되어 있기 때문입니다. 불안의 형태가 특출나게 비정상적이지도 않지만 그렇다고 완전히 정상적인 상태도 아니라, 환우분들은 이 상태를 병적이라고 받아들이지 않고 일상적이지만 '뭔가 기분이 좋지 않다.'라는 정도로 받아들이며 생활하십니다.

그러다 한 번씩 이 불안이 병적인 염려를 환우가 생활하는 다양한 영역으로 침투시키는데, 이게 또 너무 일상적인 생각들이다 보니 환우는 역시나 이것도 증상이라고 생각하지 못한 채 생활에 많은 제약을 받거나 불편함을 감수하면서 그냥 살아가게 됩니다. 이것이 가장 큰 문제입니다. 문제가 무엇인지 알지 못하니 문제를 해결해 볼 기회도 없이, 불안염려와 함께 힘들게 살아가야 한다는 것입니다. 어쩌면 영원히 말입니다. 이 상태를 깔끔하게 정리해야만 나와 나의 생활이 반짝이는 태양처럼 빛날 수 있습니다. 그래서 알아차림이 되어야 한다는 말씀을 또 드리게 됩니다. 그래야 지루하고 교묘하게 우리를 속이고 들어오는 불안염려를 견제할 수 있고, 그래야 이 장기화된 불안까지 깔끔히 정리 할 수 있습니다. 부디 불안염려와 관련된 내용을 꼭 숙지하시고 몸으로 터득하셔서 제대로 된 알아차림으로 불안염려를 견제해 가시길 간절히 바랍니다.

알아차림이 되신다면 이제부터는 불안염려와 두더지게임을 하셔야 합니다. 두더지는 게임기의 여러 굴속에서 불규칙하게 올라왔다 사라집니다. 아무리 망치로 떼려 잡아도 다른 굴속에서 계속 올라옵니다. 우리가 예상할 수 없는 굴속에서 정신없이 튀어나옵니다. 심지어 잡았던 두더지가 또 올라오기도 합니다. 만약에 게임에 시간제한이 없고, 두더지 게임기가 계속 작동한다면 우리는 영원히 두더지를 잡아야겠지요. 우리의 불안염려도 제대로 잡지 않으면 영원히 작동합니다. 두더지들처럼 게임기의 굴속에 숨어 있다가 여기저기에서 갑자기 올라옵니다. 하나가 정리되어 끝났다 싶으면 또 다른 염려가 올라옵니다. 심지어 사라졌던 염려가 또 올라오기도 합니다. 어떤 날은 쉴 새 없이 여기저기서 올라오기도 합니다. 너무도 닮았습니다. 두더지 게임기가 우리의 인지영역이라 생각하고 두더지를 불안염려라 생각하며 그 이미지를 떠올려 보십시오. 망치로 올라오는 두더지를 때려 잡듯 불쑥불쑥 올라오는 불안염려도 망치로 힘껏 내리치는 상상을 해 보십시오. 불안염려의 두더지 굴속으로 함께 딸려 가지 마시고, 끌어당기는 불안염려 두더지를 한 치의 망설임도 없이 야멸차게 내리쳐 물리치는 상상을 하십시오. 후반기에서 불안염려는 두더지처럼 계속해서 올라옵니다. 그때마다 제대로 끊어내고 가야 이 힘든 불안염려와 이별할 수 있습니다. 그 길에 두더지 잡기 게임을 하는 자신을 상상하면서 '네가 아무리 올라와 나를 끌어당겨도 나는 더 강하게 내려칠 거야.'라는 생각으로 아무런 감정과 생각의 동요 없이 무시하면 훨씬 더 쉽게 갈 수 있으실 겁니다.

저도 후반부에서 불안염려가 나타날 때마다 두더지게임을 하는 저의 모습을 떠올리며 견제했습니다. 이러한 방법들이 효과 면에서 좋다는 말씀을 앞에서도 드렸습니다. 이러한 방법은 증상과 나를 분리해주는 역할을 하기 때문에 일상적인 내용들로 환우를 속이는 불안염려를 견제하기가 훨씬 쉬우실 것입니다. 내용은 의미 없습니다. 다른 내용을 들고 불안염려의 두더지가 매번 달리 올라오겠지만, 같은 기계에서 올라오는 같은 놈들일 뿐입니다. 이 사실을 꼭 명심하셔서 불안염려의 두더지게임에서 승리하시기를 바랍니다. 지금까지 불안염려에 대해 말씀을 드렸습니다. 아마 중복되는 내용이 많을 거라 생각합니다. 그렇다는 것은 그만큼 그 내용이 불안염려의 극복에 있어 아주 중요한 것이라는 의미가 될 것입니다. 불안염려이든 재앙사고이든 신체 증상이든 불안정서이든 모두 반복해서 나타난다고 말씀을 드렸습니다. 그렇기에 저도 반복해서 같은 이야기를 해 드리게 되는 것 같습니다. 알고 보면 그렇게 어려운 이야기도 아닙니다. 이 염려가 일어나는 순간은 항상 동일한 패턴을 가지고 있고, 흘러가는 흐름도 같다고 말씀드렸습니다. 이것만 제대로 파악이 되어 있고, 무시하기만 잘하면 그걸로 다 하는 것입니다.

물론 함께 동반되는 병적인 불안이 힘들기야 하겠지만, 그것을 무시하는 것 또한 점차 익숙해지고 쉬워집니다. 처음 운전을 시작할 때를 떠올려 보면, 매우 두렵고 불안했습니다. 저의 경우 핸들을 잠깐이라도 놓치면 차선을 넘겨 금방이라도 사고가 날까 봐 팔과 어깨에 엄청 힘을 주고 핸들을 생명줄처럼 잡고 운전했던 기억이 납니다. 브레이크를 밟을 때도 얼마나 다리와 발에 힘을 주고 밟았는지 모릅니다. 그렇게 하지 않으면 당장 앞차를 들이받을 것 같은 불안과 두려움 때문이었습니다. 차선을 바꿀 때도 분명히 옆 차선에 차가 없는 것이 확인되었음에도 불안한 마음에 몇 번이나 차가 없다는 걸 재차 확인하고 나서야 차선을 겨우 변경할 수 있었고, 운전할 생각만 하면 미리부터 심장이 두근거리고 불안해지기도 했습니다. 하지만 세월이 흐르고 운전 경력도 세월의 흐름만큼 많이 쌓이니 지금은 아무런 두려움과 불안 없이 무의식적으로 운전을 하게 됩니다. 자꾸 겪다 보니 불안과 두려움도 저절로 사라지고 의식적인 노력이 없어도 몸이 알아서 스스로 운전하게 되는 것입니다.

이처럼 아무리 강한 불안도 자꾸 겪고 부딪히며 '네가 이기나 내가 이기나 해보자.'라는 자세로 겁내거나 굴하지 않고 맞서다 보면 그놈도 그냥 그런 존재가 됩니다. 그렇게 되기만 하면 이제는 세상 무서울 게 없어집니다. 그렇게 되기까지 비록 많은 노력과 용기와 실행이 필요하겠지만 그 과정에 그렇게 많은 시간이 필요한 것도 아닙니다. 저의 경험상 몇 년이면 충분합니다. 그 몇 년은 우리의 긴 인생의 총길이와 비교해 보면 그렇게 길지도 않습니다. 그 몇 년의 노력으로 누구의 도움도 없이 스스로 이 병을 관리하고 조절할 수 있는 귀한 능력을 갖추게 되는 것이라면, 그 노력에 얼마나 많은 가치가 담기겠습니까. 그게 아니라면 평생 어떤 것에 의지해야 하던지, 아니면 이 불안염려와 지지부진한 상태로 오래도록 함께해야 할 텐데 과연 어떠한 선택이 현명한 선택일지는 자신의 몫이라고 생각합니다. 부디 현명한 선택으로 그런 귀한 능력을 보유할 기회를 자신에게 부여하시기를 바랍니다. 저도 글을 써가며 저도 모르게 놓치고 가는 내용이 있는 것은 아닌지 계속 생각하게 됩니다. 하나라도 더 알려드려 조금이라도 더 도움을 드리고 싶은 저의 간절한 마음은 제가 너무나 이 불안장애라는 병으로 고통스러운 시간을 보낸 경험이 있기 때문입니다. 이 세상에, 불안장애에 관한 좋은 책들은 수도 없이 많을 테지만, 아마 환우분들의 1분 1초의 시간을 공감하는 글은 찾아보기 힘드실 겁니다. 드릴 수만 있다면 저의 경험을 다 드리고 싶은 저의 마음이 이 글에 쏟아져 들어가기를 지금 이 순간 바라봅니다.

병적인 불안과 우울의 정서

· · ·

병적인 불안도 불안장애의 증상이며,
무시하기로 극복하자

지금까지는 불안장애가 유발하는 증상 중 생각 증상 즉 생각이라는 형태로 나타나는 증상인 재앙사고와 불안염려에 대해 설명을 해드렸다면, 지금부터는 정서적으로 나타나는 병적인 불안에 대해 이야기하려고 합니다. 우리가 위험에 처하면 우리의 뇌가 투쟁-도피 반응을 일으켜 전투태세에 돌입하게 되고, 그 결과로 우리의 몸과 머리, 정서에서 다양한 반응들이 나타난다고 말씀드렸던 걸 기억하실 겁니다. 그중 마지막 부분인, 불안정서에 관한 내용이 되겠습니다. 이 불안정서, 즉 병적인 불안은 단독으로 느껴지기도 하지만, 염려나 재앙사고와 같은 생각 증상과 연합되어 느껴지기도 합니다. 생각 증상과 연합되어 나타나는 불안에 대해서는 앞에서 충분히 설명해 드렸기 때문에 생략하도록 하겠습니다. 이 병적인 불안이 단독으로 나타날 때는 정말 다양한 형태로 나타납니다. 뭔가 초조하고, 찜찜하며 이유 없이 걱정스러운 마음, 뭔가 해결해야만 할 것 같은 명확하게 해소되지 않은 듯한 정체 없는 불안정서들이 진득하고 끈적끈적한 달팽이 점액처럼 가슴 안에서 불쑥거리며 올라오거나, 하나의 생명체처럼 꿈틀거렸습니다. 정확한 원인 없이 그러한 기분만이 느껴졌습니다. 마음이 그냥 편하지 않습니다. 또 이유 없이 불안하기도 합니다. 현실적으로 불안할 이유가 전혀 없는데도 왜 이렇게 불안한 건지 그 이유를 알지 못하는 환우분들은 '나는 전혀 불안할 이유가 없어요. 아무 문제 없이 잘살고 있는데 그냥 불안해요. 왜 이런 건지 모르겠어요.'라고, 하소연하며 자신의 상태에 대해 혼란스러워하고 불안해하십니다. 지금 경험하고 있는 알 수 없는 그 불안이 자신의 무의식에서 기인하고 있는 불안장애의 한 증상이라는 사실을 모르기 때문에 그런 것입니다. 정서적으로 느껴지는 다양한 불안의 증상들이 감기에서 나타나는 기침이나 콧물과 같은, 불안장애라는 병의 고유한 한 증상이라는 사실을 모르시는 것입니다.

또 이유 없는 불안은 불안할 소재를 찾기 위한 생각을 포착하려는 시도도 합니다. 또 평범한 상태로 지내다 자각하는 순간 아주 자극적인 불쾌감이 의식되며 느껴지기도 합니다. 음식을 먹는다거나, 쇼핑을 한다거나 하는 특정한 행위를 통해 불안을 해소하려고도 합니다. 안절부절못하게 해서 사람을 가만히 있게 두지 않습니다. 무의식에 억압되어 있던 에너지가 자신을 해소할 목적으로 우리에게 무엇인가를 끊임없이 하도록 유도하고 있는 것입니다. 이러한 불안의 형태들은 공황발작처럼 아주 강하고 두렵진 않지만, 가랑비에 옷 젖듯 은은하게 사람을 옥죄어 옵니다. 무엇에 언제 물든 지도 모른 채 서서히 불안에 물들어가는 환우는 자신이 불안 상태에 있다는 사실조차 자각하기가 쉽지 않습니다.

앞에서도 말씀드렸듯 모든 문제해결의 첫 번째 단계는 알고 볼 줄 알아야 한다는 것입니다. 지금 자신이 경험하고 있는 규정하기 힘든 불안들이 병적인 증상임을 알고 있는 상태에서 알아차리는 것은 무엇보다 중요합니다. 모든 불안장애의 증상을 객관적인 눈으로 자신과 분리해 볼 줄 알아야 합니다. 보여야 합니다. 그래야 불필요한 혼란도 막을 수 있고 정확한 대처도 가능합니다. 그래야 다른 길로 에둘러 가지 않을 수 있습니다. 이러한 불안정서의 다양한 불안들 역시 무시하기가 그 대처 방법입니다. 무시하다 보면 이러한 다양한 불안들도 점차 소강상태를 보이며 사라지게 되어 있습니다. 다 사라집니다.

또 이러한 불안은 어떻게 설명하기 힘든 다양한 상태로 저를 몰아넣었는데, 뭔가를 매우 힘들게 느끼게 했습니다. 예를 들어 머리를 감거나, 운동을 해야 하거나, 청소를 해야 하는 일처럼, 일상생활에서의 다양하고 사소한 일들을 행함에 있어 그 일을 하는 행위가 엄청나게 힘든 일처럼 느껴지게 했습니다. 막상 또 그 일을 시작하면 전혀 힘들지 않았고, 그러한 정서도 사라졌습니다. 꼭 어떠한 행위를 함에 있어서가 아니더라도 이유 없이 뭔가 엄청나게 크고 힘든 일을 경험했을 때처럼, 너무나 무겁고 강하고 힘든 어떤 에너지가 가슴을 무겁게 짓누르며 쇠사슬로 묶어 놓은 듯 저를 결박하기도 했습니다. 또 병적인 불안은 모든 걸 불안하고 두렵게 느끼게도 했습니다. 제가 두 번째 유산 후 불안장애의 증상들이 다시 강하게 출현하기 시작했을 때, TV를 보며 웃고 있는 제 모습이 불안하고 두려웠던 적이 있었습니다. 이때의 경험은 오랜 시간이 지나서도 잘 잊혀지지 않습니다.

강하고 특별한 경험은 우리의 뇌에 강하게 각인되어 오래 남는다고 하는데, 그런 걸 보면 이 경험이 저에게는 너무나 비정상적인 경험이었던 듯합니다. 이 병이 아니라면 대체 자신이 웃는 게 불안하고 두려울 이유가 뭐가 있겠습니까. 그뿐만 아니라 제가 졸린 것도 두렵고 불안했습니다. 입맛이 없는 것도 불안했고, 누군가가 '건강 잘 챙기세요.'라고 해주는 안부의 인사말에도 불안했습니다. 살이 빠지는 것도 불안했고, 잠이 안 오는 것도 불안했습니다. 모든 게 불안했지만 이렇게 모든 걸 불안하게 만드는 현상이 '범불안장애의 증상'이라는 사실을 저는 이미 알고 있었기에, 이러한 현상들도 그저 조용히 바라보며 무시했습니다.

'내가 이 불안을 제대로 무시하지 못하면, 나 스스로 범불안장애라는 병을 하나 더 추가시키게 되는 거야. 무시하자.'라는 생각과 함께요. 저는 지금 겪는 증상 자체보다 저의 병세가 더 심각해지고 더 크게 번져 가는 게 더 두려웠습니다. 그래서 그 두려운 상황을 만들지 않기 위해 더 강하게 증상을 무시했습니다. 이미 생겨난 증상은 어쩔 수 없지만, 더 이상은 절대 용납할 수 없었습니다. 병적인 불안은 이렇게 자신의 시선으로 저의 시선을 온통 다 가려 모든 걸 불안하게 하고 두렵게 만들었습니다. 그러다 염려를 불쑥 일으키기도 했고 혼자만의 생각에 빠지게도 했습니다. 지금은 오래전의 일들이라 생각이 나지 않는 부분들도 있겠지만, 확실한 것은 사람을 정말 한순간도 편안한 상태로 가만히 내버려 두지 않았습니다. 지나고 나면 그 불안이 정확하게 어떠했는지 잘 기억도 나지 않고, 설명도 하기 힘든 다양한 형태의 불안정서들이 한데 섞여서, 마치 자신들의 다양한 모습을 순간순간 돌아가며 저에게 비추는 듯 비추어 주는 대로 달리 느껴졌습니다. 갑자기 나타나 일상적이었던 저의 기분을 순식간에 불안으로 바꾸어 놓기도 했고, 하루 종일 잠식해 힘들게 하기도 했습니다.

• • •

동반자 우울

또 불안은 친구처럼 우울과 무기력을 항상 동반했습니다. 사람을 한시도 가만 내버려 두지 않는 힘든 불안은 때때로 단단한 바위 같았던 저의 정신 상태를 서서히 약화시켜 금방이라도 으스러질 것 같은 유리처럼 만들어 갔습니다. 저의 마음도 흔들어 놓았습니다. 저의 강했던 기세와 의지도 점점 약하게 만들었습니다. 약해진 저의 기세와 의지의 자리에는 우울과 무기력이 슬금슬금 피어올랐습니다. 장기간의 폭우로 약해지고 습해진 대지에 독버섯이 피어나듯이 말입니다. 그렇게 피어난 우울과 무기력이 깊어질수록, 저는 이 세상에서 가장 비극적인 사람이 되어갔고, 불안강박 없이 평범하게 사는 사람들이 눈물 나도록 부러웠습니다. 불안이 저의 온 세상을 불안과 두려움으로 물들였듯, 우울도 저를 둘러싼 온 세상을 우울로 물들였습니다. 아무것도 해낼 자신이 없었습니다. 희망이 보이지 않았고, 아무런 의지나 기대도 나지 않았습니다. 그저 나만 아니면 되었습니다.

나 아닌 모든 사람이 아무런 조건 없이 부러웠습니다. 그들은 나 같은 병이 없을 테고, 나처럼 이렇게 힘든 고통을 겪지 않을 테니까요. 나의 현실이 너무 무거웠고, 내가 불안장애라는 병에 걸린 환우라는 사실이 도저히 믿어지지 않았고 믿고 싶지 않았습니다. 그 시기에는 아무것도 내 의지대로 되는 게 없었습니다. 우울과 절망과 비관과 무기력이 저의 온 영혼을 잠식했기에 그저 저는 숨만 쉬며 하루하루를 버텨내야 했습니다. 무겁고 주눅 든 기분과 눈빛은 저를 더 코너로 몰아갔습니다. 사람들 앞에 서면 너무나 작아졌습니다. 그런 저의 모습을 보는 게 너무 힘들었습니다. 예전의 저는 어디로 간 것인지, 온통 세상이 막막하고 암담하기만 했습니다. 아직도 그 주눅 들었던 저의 눈빛을 떠올리면 마음이 너무 아픕니다. 우울은 또 무기력을 낳아 저를 아무것도 하지 못하게끔 묶어 버렸습니다. 좀 전까지도 잘할 수 있었던 일들을 한순간 못하게 만들었습니다. 그것은 귀찮음과는 완전히 다른 것이었습니다. 육체적인 문제에서 비롯되는 것이 아니었습니다. 또 쉽게 짜증이 났고, 사소한 자극에도 엄청나게 예민한 반응을 보였으며, 미칠 듯한 분노가 일어나기도 했습니다. 당연히 저 자신이 무척 힘든 상황에 놓여 있었고, 그 상황에 오래도록 머물며 벗어나지 못하는 무력한 현실로 인해 우울과 무기력과 분노는 당연히 파생되는 현상이었을 겁니다.

...

우울도 반복되는 패턴이 있다

그런데 이 현상들도 여러 번 경험하다 보니 일정한 패턴이 눈에 보이기 시작했습니다. 이 비관과 우울과 절망의 시간도 영원하지 않았고, 그 구간이 지나니 거짓말처럼 달라져서 다시 정상궤도에 저를 올려놓았습니다. 힘들기만 했던 불안과 강박사고들이 이제는 그렇게 힘들게 느껴지지 않았습니다. 무겁고 어두웠던 저의 의식의 영역에 밝은 불이 다시 켜진 듯 희망과 의지가 다시 샘솟아 올랐습니다. 어두웠던 기분이 다시 밝아지니 기뻤습니다. 이때 불안염려가 일어나기도 했습니다. '이거 조울증 아니야?'라고요. 기분의 편차가 너무나 다르다 보니 그런 염려가 또 자동으로 나타난 것이지요. 불안염려는 이렇게나 현실과 밀착해 있었습니다. 그렇게 저는 이 우울과 무기력의 구간을 몇 번의 경험을 통해 알아낸 깨달음으로 그 후부터는 하나의 증상으로 간주하며 대처하기 시작했습니다. 증상으로 간주한다는 것은 나와 분리된 대상으로 우울을 바라보는 것이기에 그 우울이 와도 두렵지 않았습니다. 그 우울과 무기력에게 시간을 줄 수 있게 되었습니다.

'자, 또 우울의 구간이 시작되었어. 불안강박 증상들과 오래 같이 생활하다 보면, 나의 내면이 힘들고 지칠 때마다 이렇게 우울과 무기력으로 자신의 힘듦을 표현한다는 걸 이제 알잖아. 하지만 괜찮아. 다 지나갈 거고, 우리는 이미 그걸 많이 겪어봐서 알잖아.'라는 사실을 스스로에게 인지시키며, 우울과 무기력의 구간들도 잘 다스려 나갔습니다. 우울하고 무기력하고 쉽게 짜증이 났지만, 더 차분해지려 노력했습니다. 그리고 해야 할 일에만 집중하고 처리해 나가면서 하루하루를 보냈습니다. 무기력하다고 하던 걸 포기하지 않았습니다. 그 무겁고 힘든 무기력의 에너지에 맞서 몸을 일으키고, 할 일을 해내고, 운동을 하며, 매 순간 나 자신을 이끌어 간다는 것이 처음부터 그렇게 쉬운 일은 아니었지만, 하다 보니 그것도 익숙해졌습니다. 쉬워졌습니다. 그럴수록 무기력도 작아져 갔습니다. 고난을 극복한 사람들의 이야기나 좋은 책들을 많이 읽고 떠올리면서 저의 힘든 상황을 스스로 승화시켜 나갔습니다. 그렇게 저의 상황이 나아져 감에 따라 우울과 무기력도 같이 나아져 갔습니다.

이제는 압니다. 우울과 무기력은 우리의 내면이 자신을 힘들게 하는 어떤 것으로 인해, 힘들고 지쳤다는 표현을 하고 있다는 것이라는 사실을요. 어떤 힘든 일에서 쉬이 빠져나오지 못하거나, 나 자신이 나와 관련된 것들을 스스로 통제하지 못한다고 여길 때 우리의 내면은 언제든지 그렇게 표현할 수 있다는 것을요. 그래서 이제는 쉬어 가고 알아 갑니다. 이 불안장애를 겪으며 진심으로 알게 된 우울의 모습을 통해, 이제는 어떤 힘든 상황에 놓일 때 받아들이고 놓아주고 내려놓으려 합니다. 힘든 상황은 언제든지 나타날 수 있으며, 저는 또 제가 원하는 대로 이 세상을 바꿀 수 있는 존재가 아니라는 것을 너무나 잘 아니까요. 이 세상은 그냥 그대로 있는 곳이니까요.

• • •

알아차림의 중요성

이렇듯, 이 병과 함께하는 모든 구간에서는 알아차림이 정말로 중요합니다. 불안에 익숙해지다 보면 이제 불안에 대처하고 무시하는 것에도 어느 정도 익숙해지기 때문에 어렵지 않아집니다. 하지만 오히려 더 힘들다고 말씀들을 하시는 게 이 우울과 무기력이었습니다. 이 우울은 그 사람에게서 모든 에너지를 뽑아낸 듯 아무것도 할 수 없는 상태로 만들어 버립니다. 우울을 겪는 사람들은 또 이 우울함이 너무나 힘들어 빨리 벗어나고 싶어집니다. 우리는 본능적으로 부정적인 상태를 거부합니다. 당연히 불쾌하고 힘든 상태를 좋아하는 사람은 없을 것입니다. 하지만 우울과 무기력 상태에서는 빨리 벗어나려 발버둥 칠수록 더 힘들어지기 때문에, 겪는 사람들은 정말로 힘이 들 수밖에 없습니다. 불안과 그가 만들어 내는 증상을 겪고 있는 것만으로도 너무 힘든데, 때때로 동반되는 이 우울과 무기력은 자신을 더더욱 더 세상 끝으로 몰아세우는 것 같습니다. 절망스럽기 그지없습니다. 하지만 이 절망스러운 상황에서도 충분히 빠져나올 수 있는 열쇠가 있습니다. 그것은 바로 이 우울과 무기력의 현상도 하나의 패턴일 뿐이라는 것을 자각하는 것입니다. 지금 내가 이러한 우울과 무기력의 패턴 속에 들어와 있다는 사실을 자각하는 것입니다. 지금은, 이 우울과 무기력이 나를 힘들게 하지만, 이 또한 곧 지나갈 것이고, 지나가고 나면 나의 절망스러운 상황은 언제 그랬냐는 듯 사라지고, 나는 다시 정상적인 궤도에 자연스레 올라간다는 사실을 자각하는 것입니다.

　이 세상에 영원한 것은 없으며, 이 또한 지나간다는 것을, 반복된 경험을 떠올려 스스로에게 자꾸 확인시켜 주는 것입니다. 이러한 자각은 분명히 숨쉬기 힘든 절망스러운 상황에 한 줌의 공기가 되어, 자신을 여유 있는 마음으로 이끌어 줄 것입니다. 이 힘든 상태도 끝이 있다는 사실을 알고 있다는 것만으로도, 훨씬 더 쉽게 시간을 보낼 수 있습니다. 그리고 아무 저항 없이 힘을 뺀 채, 그저 내 자리에서 묵묵히 내 할 일만 해 나가다 보면, 이 힘든 우울과 무기력의 구간에서 어느 순간 빠져나와 있을 것입니다. 지금 내가 경험하고 있는 모든 것들에서, 그것이 불안이든 염려이든 우울이든 간에, 그 생리를 알고 대처하는 것은 그 결과에 있어, 엄청난 차이를 보일 수 있습니다. 아무런 생각 없이, 아무런 자각 없이, 아무런 대처 없이, 무작정 오면 오는 대로 겪고, 가면 가는 대로 보내고, 또 오면 오는 대로 겪는 생활만 반복해 가다 보면, 정말 평생 겪기만 하지 그 근본적인 문제를 해결하는 일은, 요원해질 것입니다.

9

핵심 정리

✓ 불안장애의 원리와 증상에 대해 이해하고 개념 잡기

✓ 증상을 객관적으로 바라보고 나와 분리시켜 볼 줄 알기

✓ 라벨링 하기, 이미지 사용하기 등의 방법으로 무시하고 흘려보내기

✓ 생각을 생각으로 해결하지 않기

✓ 어차피 증상은 필연적으로 나타나는 것이기에 증상이 나타나는 것은 아무 의미 없다. 중요한 것은 증상임을 알아보고 올바르게 처리할 수 있는 능력을 키워 가는 것이다.

✓ 생각을 해결하고 확인할 것이 아니라, 자신이 제대로 무시하고 있는지를 확인하기

✓ 불안하다는 사실이 불안한 생각들이 절대 현실화하지 않는다는 증거다.

✓ 강박사고의 내용은 전혀 의미 없으며, 중요하지 않다.

✓ 증상의 전후 상태를 비교해 정리해 두자. 증상이 다시 나타날 때 경험을 토대로 한 중요한 지침서가 되어 줄 것이다.

✓ 자신을 항상 심리적으로 안정된 상태로 만들어라. 나에게 일어나는 모든 현상이 무엇인지 제대로 알고, 올바른 지식으로써 그 현상들을 통제하고 관리하라.

✓ 나 자신이 긍정적인 길에서 이탈하지 않도록 생각을 관리하라.

- 무조건 괜찮았던 확신의 경험이 답이고 진리이다.
- 의식적으로 노력해야 한다. 아무 생각 없이 무방비 상태로 지내면 빠져 나올 수 없다.
- 모든 감정에도 불안이 붙는다. 모든 것이 불안하고 두렵다.
- 겁먹으면 진다. 기 싸움에서 밀리지 마라.
- 스트레스 대처 능력이 강해지면 스트레스 상황에서도 증상이 나타나지 않는다.
- 제대로 된 극복 방향을 잡고 노력하라.
- 안정을 담당하는 부교감신경이 활성화될 수 있도록 자신과 자신의 환경을 안정된 상태로 조성하자.
- 모든 증상은 좋아졌다, 나빠졌다 하며 사라지며 하나의 일대기와 흐름이 있다.
- 필요한 내용들은 저절로 떠오를 때까지, 반복해서 읽고 세뇌가 되어야 한다.
- 갑자기 증상들이 나타날 때, 모든 생각을 접고, 무시하기 태세로 전환하자. 왜 왔을까를 따지며 에너지 낭비 말고, 어떻게 해야 할까를 먼저 떠올리고 대처하자.
- 끝나도 끝난 게 아니다. 증상이 너무 쉬워질 때까지 안주하지 마라. 그 상태는 자신이 제일 잘안다.
- 증상의 컨디션에 내 컨디션을 맞추지 마라. 그쪽 입장에서 보면 상대가 너무 쉽다.
- 증상에 대해 아무런 내적 에너지 반응을 일으키지 마라. 완전히 무미건조하게 대하라.

66 ⸻

（3장）

극복 노력의
실천과제와 마음가짐

⸻ 99

지금부터는 제가 이 불안강박을 극복하기 위해 실천했고 크게 도움받았던 몇 가지의 방법들에 대해 말씀을 드리려고 합니다. 이러한 실천 노력 들은 장시간 동안 이루어졌으며, 지금도 유지해 가고 있습니다. 저도 처음에는 실천 노력을 매일 시작하고 꾸준히 유지해 가는 것이 결코 쉽지 않았지만, 그냥 하루하루 하다 보니 어느새 10년이라는 세월이 흘렀습니다. 그렇게 유지해 온 실천 노력의 결과는 또 자연스레 저의 많은 것들을 변화시켜 놓았습니다. 그리고 이제는 제 생활의 일부로 자연스레 자리를 잡았습니다. 힘들게 애써야만 가능했던 행위들이 이제는 그저 숨 쉬고 밥 먹듯 자연스러워졌습니다. 올바르고 좋은 행위들이 저의 생활방식으로 자리 잡아가면서 예전에는 없던 좋은 생활 습관들도 생겨났습니다. 제가 이렇게 좋은 생활방식이나 좋은 습관에 대해 말씀을 드리는 이유는 이 불안장애라는 병을 극복하기 위해서는 재앙사고나 불안염려를 알아차리고 대처하는 것과 같은 인지적인 부분에서의 노력과 똑같은 수준으로 몸을 움직여 실행하는 좋은 행위들도 꾸준히 실천해야 할 필요가 있기 때문입니다.

우리가 겪는 불안장애가 정신적 영역의 문제이기 때문에, 대부분의 사람들은 그에 대한 치료도 정신과적인 방법으로만 해결이 된다고 여기기 쉽습니다. 저도 이 병을 처음 접했을 때는 그저 약만 먹으면 완전히 치료가 되고 끝이 날 거라 생각했었으니까요. 하지만 약을 끊거나, 일상에서 다양한 문제 상황이 발생할 때마다, 저의 불안과 다양한 증상들은 여지없이 다시 찾아와 저를 바닥으로 끌어내렸습니다. 그런 경험을 통해 저는 이 병의 발생 원인이 우리 뇌에서만 일어나는 생물학적인 현상만이 아닌, 내 안에서의 문제가 근원임을 알게 되었고 이 병을 대하는 저의 관점도 완전히 바뀌었습니다. 바뀐 관점에 따라 자연스레 노력의 형태도 바뀌어 갔습니다. 그 형태는 위에서도 말씀드린 불안장애가 나타내는 증상에 대처하기 위한 인지적인 부분에서의 노력과 함께, 다양한 실천적 노력들을 꾸준히 이어 가며 나 자신을 이 세상 어디에 내어놓아도 흔들리지 않을 단단한 사람으로 단련시켜 가는 것이었습니다. 그리고 그렇게 노력해 감에 따라 이 병도 전체적으로 자연스레 좋아져 갔습니다. 저는 과거에 금방이라도 꺼질 듯한 바람 앞의 촛불 같은 연약한 사람이었고, 제 손으로는 다 차려준 밥만 먹을 줄 아는 무능력한 사람이었습니다. 저 자신을 지킬 줄 모르니, 늘 상처받기 일쑤였고, 이리 불면 이리로 밀리고 저리 불면 저리로 밀려다녔습니다. 저 자신을 지켜낼 단단한 중심의 힘이 어디에도 없는 사람이었습니다. 깊이 생각해 보지 않아도 그때 저의 내면은 금방이라도 허물어질 듯 위태롭기만 했습니다.

하지만 이제는 저에 관한 일은 스스로 해결하고 책임질 줄 아는, 저 자신에게 있어서만큼은 유능한 사람이 되었고, 앞으로도 그러한 모습으로 살아가려 노력합니다. 불안장애라는 병과 인생의 고난들을 이중으로 겪고 이겨 내면서 저는 그전하고는 다른 당당하고 강한 자신감을 가진 사람이 되었습니다. 자기 자신이 스스로를 지키지 못하고 자신을 방치할 때, 어떤 일들이 일어나는지 뼈아프게 경험했기에, 이제는 두 번 다시 저를 방치하지 않으려 합니다. 여러분들께서도 이런 실천적 노력을 꾸준히 이어 가셔서 강하고 단단한 자기 자신을 만들어 가시기를 바랍니다. 내가 강해지고 단단해지면 내가 상대하는 외부의 것들은 저절로 약해집니다. 내가 연약할 때 나를 너무 힘들게 했던 일들도 내가 강해지면 전혀 힘들고 무섭게 느껴지지 않습니다. 이 불안장애라는 병도 마찬가지이고요. 그럼 본격적으로 제가 꾸준히 실천해 왔던 것들에 대해 말씀을 드리도록 하겠습니다. 부디 여러분들에게 작게나마 도움이 될 수 있기를 희망합니다.

실천과제

- - -

걷기운동

운동이 인간의 다양한 질병과 건강에 많은 도움이 된다는 사실은 제가 자세히 말씀드리지 않아도 누구나 상식적으로 알고 계실 거라 생각합니다. 운동이 정말 우리의 병에 얼마나 중요한 것인지, 불안장애 발병 후 제가 만났던 한의원 원장님도, 정신건강의학과 선생님도 '약은 한계가 있다, 약으로 평생 이 병을 다스릴 수 없다.'라고 말씀하시며 항상 운동을 하라고 강조하셨습니다. 특히 정신건강의학과 선생님은 저에게 마라톤이나 조깅을 해보라고 추천해 주셨는데 아무래도 혼자 운동을 유지해 나가는 것이 힘들 수 있으니 다른 사람들과 어울리며 함께 할 수 있는 마라톤이나 조깅을 추천하시며, 대회에 참가할 것도 권하셨습니다. 대회에 참가하게 되면, 완주했을 때의 보람이나 뿌듯함, 사람들과 함께하는 '즐거움' 같은 좋은 감정들을 느끼게 될 테니, 운동을 통해 부수적으로 따라오는 긍정적인 내면의 반응들까지 고려하신 것이 아닌가 하는 생각이 듭니다. 그때는 선생님이 왜 저에게 운동을 하라 하시고, 대회에 참가하라고 하신 건지 잘 이해가 되지 않았지만, 운동을 꾸준히 하며 제가 직접 운동의 긍정적인 면들을 경험해 보니 주치의 선생님의 의도가 보였습니다. 그래서 저도 이렇게 여러분들에게 운동에 관한 이야기를 드리고 있는 것이기도 합니다.

운동을 강조하셨던 선생님은 약도 저용량으로 처방해 주셨는데, 그 용량은 제게서 '플라세보 효과'를 일으켜 안심시킬 정도였습니다. 또 항상 약보다는 극복에 도움 되는 좋은 말씀들을 더 많이 해 주셨는데 지금 와서 보니 그분의 말씀이 하나도 틀린 게 없었음을 이 글을 쓰며 다시 한번 깨닫게 됩니다. 선생님 역시, 정신과 진료로 인한 고충들을 다양한 운동과 취미생활을 전문적이고 즐겁게 하며 풀어 가신다고 하셨습니다. 저는 그래서 선생님이 항상 멋있고 존경스러웠습니다. 저에게 생각 관리를 참 잘한다고 해주셨던, 선생님의 칭찬의 말씀은 제가 극복 노력을 해 나가는 데 너무 큰 힘이 되어 주었습니다. 항상 감사한 마음 잊지 않겠습니다.

이렇듯 운동은 불안장애를 극복하기 위해 실천해야 할 중요한 노력 중 하나입니다. 저는 걷기를 포함해 조깅, 요가, 필라테스, 핫요가 등 다양한 운동을 시도해 보았지만, 그중 저에게 가장 적합했던 운동이 걷기였습니다. 불안장애를 극복하기 위한 실천과제들을 실행해 감에 있어 무엇보다 가장 중요하게 다루어져야 할 부분이 꾸준함인데, 걷기가 꾸준히 하기에 가장 용이한 운동이었기 때문입니다. 이 세상에

3장 두려움 극복하기 실천적인 마음먹기

는 꾸준히 실행해야만 그 실행의 결과가 드러나는 것들이 많이 있습니다. 걷기 역시 꾸준히 지속해야 그 실행에 대한 효과가 나타납니다. 한두 번 하다 마는 것은, 자동차에 시동만 계속 걸고 있는 것과 같은 이치로, 절대 앞으로 전진할 수 없습니다.

저에게 걷기는 언제 어디서나, 쉽게 실천할 수 있는 운동이었습니다. 지금 당장이라도 원하기만 하면 그 자리에서 간단히 걸을 수 있었습니다. 조금 힘들거나 기분이 나지 않을 때는 신나는 음악을 듣거나, 조용한 명상음악을 들으며 걸었습니다. 다이어리에 매일 걸었던 시간을 기록하며 그 기록이 늘어 쌓여 가는 걸 볼 때마다 보람되고 뿌듯했습니다. 뭔가를 꾸준하게 해본 적이 없던 제가 조금씩 대견해졌습니다. 이것이 주치의 선생님이 의도하셨던 운동의 긍정적인 내적 결과물이었을 겁니다. 그리고 자신감도 생겼습니다. '나도 뭔가 할 수 있구나. 나도 뭔가 꾸준히 할 수 있구나.'라고 느껴지는 작은 자신감들이 꾸준한 걷기 행위를 통해 생겨났습니다. 또 우울하고 불안하고 유난히 의지가 안 생길 때는, 내가 정한 목표지점까지는 무조건 걷고 온다는 일념으로 걸었고, 그 일념이 달성되는 순간이 쌓이면서, 저의 의지도 더 단단해져 갔습니다.

걷기는 그냥 두 다리를 움직이기만 하는 단순한 물리적인 행위가 아니었습니다. 자신감, 뿌듯함, 기쁨, 즐거움, 보람, 희망 등 다양한 긍정적인 기분들을 안겨 주는 내면의 활동이기도 했습니다. 그 내면의 활동들로 나타난 좋은 성과들이 유리 같고, 바람 앞에 촛불 같기만 했던 저와 저의 내면에 마법처럼 내려와 단단한 보석이 되어 주었습니다.

또 불안장애가 신경 화학적으로는 '세로토닌'이라는 뇌신경전달물질과 관련된 병으로서, 우리가 정신과에서 처방받아 복용하는 항우울제나, 항불안제 역시 세로토닌의 조절에 관여하는 약물입니다. 걷기 운동은 이러한 세로토닌의 활동을 촉진시킴으로써 불안장애에 관여하는 신경전달 물질인 세로토닌의 활동에 긍정적인 영향을 미치기도 합니다. 실제로 저는 불안할 때 무조건 밖으로 나가서 걸었고, 걷다 보면 어느새 안정되곤 했습니다. 불안할 때뿐만 아니라, 화가 나거나 우울하거나 머리가 복잡할 때면 본능적으로 걸었습니다.

지금도 일주일에 4~5일은 하루 5,000보를 목표로 꾸준히 걷기 운동을 하고 있습니다. 제가 2022년부터 운영하고 있는 네이버 '불안강박은 극복된다.' 카페에서의 5,000보 달성하기 인증을 통해 다른 회원분들과 함께 이어 가고 있습니다. 아무래도 회원분들과 서로 응원하며 함께하면, 혼자 하는 것보다 달성하기가 훨씬 쉬워지고, 나태해질 때는 다른 분들의 부지런한 모습을 보며 그 자극으로 또 나태함에서 쉽게 빠져나오기도 합니다. 그리고 카페에 쌓여가는 저의 걷기 기록을 돌아보며 성취감과 뿌듯함을 느끼기도 합니다. 걷기 운동을 할 때는 또 무작정 하는 것보다 일정한 목표, 즉 시간이나 날짜, 걸음 수 같은 걸 설정해 놓고 체계적으로 해 나가는 것이 좋습니다. 목표를 설정해 놓고 실행하게 되면 억지로라도 하게 되는 경우가 늘어나기 때문에 꾸준히 이어 갈 가능성이 커집니다.

'1주일만 걸어보자.'라고 목표를 설정하면 1주일은 무조건 걷게 되고, 그 목표를 달성하면 작은 뿌듯함이나 성취감이 생깁니다. 그리고 그다음 목표로 시간을 더 늘려 2주일을 잡고 달성해 내어 성취감을 느끼고, 또 다음 목표를 더 길게 잡아 달성해 내는 패턴으로 계속 이어가다 보면 어느새 걷기는 하나의 습관으로 나에게 자리를 잡습니다. 생각날 때 하고, 하기 싫으면 하지 않는 가벼운 태도와 전혀 체계가 잡혀 있지 않은 자세로 어떤 것을 실행하게 되면 그 효과는 결코 제대로 나타나지 않습니다. 이 점 꼭 유념하셔서, 운동을 하시더라도 꾸준히 이어 가시기를 바랍니다. 그래야 제대로 된 효과를 보실 수 있습니다. 또 운동뿐만 아니라, 어떤 형식의 움직임이든지, 몸을 움직이는 거 자체로도 세로토닌이 증가한다고 합니다. 청소하기, 설거지하기, 빨래 널기, 가까운 곳은 걸어 다니기 등의 노력을 실천하셔서 세로토닌의 활성을 촉진해 가시기를 바랍니다. 저도 회사에서나 집에서나 일을 할 때 최대한 몸을 많이 움직이는 방향으로 일을 처리했습니다. 몸을 바쁘게 움직이는 행위는 세로토닌도 촉진해 주겠지만, 불안장애가 만들어 내는 증상에 집중할 수 있는 시간과 여유를 줄여줘서 증상에 대해 의식적인 환기도 시켜 주었습니다. 그만큼 증상을 체감하는 정도도 줄어들어서 증상으로 인한 심리적 고충을 완화해 주기도 했습니다. 그러니 여러분들께서도 최대한 몸을 많이 움직이시기를 바랍니다.

그 외에도 걷기를 꾸준히 하게 되면 관절 건강, 허리통증, 폐 건강, 뇌 건강, 스트레스 해소, 심장마비, 우울증, 체지방 감소, 당뇨 등에 도움이 된다고 합니다. 걷기의 올바른 자세에 대해 간략하게 말씀을 드리면, 시선은 턱을 약간 당겨 정면을 바라보고, 가슴은 활짝 펴 줍니다. 호흡은 코로 들이쉬고 입으로 내뱉습니다. 주먹은 가볍게 쥐고, 팔의 각도는 90도 정도로 유지하며, 허리와 어깨, 등은 곧게 펴 줍니다.

신발은 굽이 높지 않은, 편안한 운동화를 신고, 보폭은 평소의 편한 보폭으로 1분에 120~130의 속도로 하루 30분 이상 걷는 것이 좋다고 합니다. 여러분들도 위의 걷기 방법을 참고하셔서 걷기 운동을 꾸준히 실천해 가셨으면 합니다. 꼭 걷기가 아니더라도 모든 운동이 불안장애에 도움을 준다고 하니, 다른 종목의 운동이라도 꾸준히 해 나가시기를 바랍니다.

• • •

일기 쓰기

두 번째로 제가 꾸준히 실천했던 방법 중 또 하나는 일기를 쓰는 것이었습니다. 일기에는 매일 나타났던 강박사고를 포함한 그 외의 다양한 증상들과 그 증상에 따른 저의 생각들, 저의 실천 노력들, 저의 감정들과 일상의 일들을 함께 기록해 갔습니다. 저의 기록은 그 당시 활동했던 네이버 인터넷 카페와 저의 개인 블로그, 다이어리 등을 이용했습니다. 인터넷카페에서의 기록은 많은 분들께 공유되었기에, 제가 외부로 저를 드러낼 수 있는 범위 안에서, 스스로에게 이 불안장애라는 병을 이겨 낼 수 있도록 주문을 걸기 위한 목적으로 일상에서 일어나는 크고 작은 경험을 되도록 긍정적으로 해석해 기록했습니다. 또, 앞으로 실천해 가야 할 극복 노력을 꾸준히 유지하기 위한 다짐과 하나의 방책으로 기록을 해 나가기도 했습니다.

유난히 힘든 일이 많았던 저의 일상들을 공유했을 때는, 많은 분이 진심 어린 마음으로 응원과 위로를 해주셔서, 저는 그 덕으로 그 힘든

.

일들을 무사히 이겨 낼 수 있었습니다. 저에게 있어 감동과 감사함으로 충만한 카페회원님들 하나하나의 댓글들은 이 세상 어떤 것과도 비교할 수 없는 소중하고 값진 것들입니다. 제가 어디에 간들 그렇게 많은 분으로부터 감사한 응원과 위로를 받을 수 있을까요. 그 많은 분께 받은 감사함의 힘으로 저는 이 병과 저의 문제를 극복하기 위해 더 열심히 노력할 수 있었고, 지금의 저도 있을 수 있게 되었습니다.

세월이 흐를수록 그분들의 댓글들은 더 밝게 빛나며, 저의 가슴에 충만함을 안겨 줍니다. 이제는 그 많은 분께 받은 무한한 사랑의 힘을 돌려 드리고 싶어 부족한 제가 카페를 개설해 운영해 가고 있고 이렇게 저의 경험을 글로 드러내어, 그때의 저처럼 지금 힘들어하고 계실 분들께 공유하려는 노력을 하고 있지만, 이 방법이 맞는 것인지 사실 두려워질 때가 있기도 합니다. 과연 저의 이러한 시도가 얼마나 많은 분들께 도움을 드릴 수 있을지, 또 그만한 가치가 있을 것인지에 대한 걱정으로 말입니다. 하지만, 단 한 분이라도 저의 이러한 시도로 도움을 받으실 수 있다면 저는 그것으로도 충분히 감사한 일이라 여기며 그 마음만을 안고, 제가 이 병을 극복해 내기 위해 두려움을 안고도 끝까지 걸어왔던 것처럼, 이번에도 끝까지 걸어가 보겠습니다. 이렇게 이 병을 앓고 있는 다른 분들과 함께하는 공유된 카페에 자신의 증상이나 어려움 등을 함께 나누는 일은 이 병을 극복해 가는 데 있어서 너무나 긍정적이고 감사한 효과들을 누리게 되는 행위가 됩니다.

또 이렇게 자신의 증상을 공유할 수 있는 인터넷 카페 활동은 혼자만의 고독한 싸움이 아닌, 나와 똑같은 현상을 겪고 있는 많은 사람과의 소통을 통한 동질감을 경험하게 하고, 어떠한 공동체에 소속되어 있다는 소속감을 경험하게 하여, 그렇지 않아도 불안한 환우들에게 정서적인 안정감을 제공하기도 합니다. 현실에서는 같은 환우가 아닌 이상, 아무도 알아주지 않을 고통에 대해 털어놓고 위로받으며 하루를 살아갈 힘과 용기를 얻기도 합니다. 이러한 일은 비단 불안장애에만 국한되는 것은 아닙니다. 이 세상 모든 영역에서 같은 처지에 있는 사람들은 함께 모이기 마련이고, 그 모임의 장안에서 사람들은 서로를 위로하고 공감하고 응원하며 힘든 현실을 함께 이겨 나가고 있습니다.

'백지장도 맞들면 낫다.'라는 속담에서처럼, 하물며 가벼운 종이 한 장마저도 함께 들면 그 무게가 가벼워진다는데, 우리가 힘들게 짊어지고 있는 이 불안장애와 각종 증상을 누군가와 함께 나눌 수 있다면, 얼마나 좋을 것이며, 그 무거움은 또 얼마나 가벼워질까요. 여러분들께서도 인터넷 카페와 같은 공유된 공간에 자신의 증상과 그와 관련된 내용들을 공유하셔서 그 고통과 힘듦을 함께 나누어 가셨으면 좋겠습니다. 다른 분들과 함께하며 서로 의지하고 응원하면서 이 병을 이겨낼 기회를 마련하셨으면 좋겠습니다.

다음으로 저의 개인 블로그나 수기로 기록했던 일기장에는 이 병과 관련된 증상과 저의 생각, 감정들을 아주 세부적으로 상세하게 기록했습니다. 특히 재앙사고나 불안염려 같은 생각 증상들은 일반적인 생각과 분류해 내기가 쉽지 않습니다. 하지만 필수적으로 분류가 되어야 올바른 처리도 가능했기에, 불안염려나 재앙사고와 같은 생각 증상들이 일어나는 과정들을 항상 순서대로 번호를 붙여 적어 가며, 저의 머리에서 나타나는 현상들을 눈으로 볼 수 있도록 시각화하는 작업을 진행했습니다. 때로는 도면처럼 한눈에 알아볼 수 있도록 표를 만들기도 했는데, 그러한 작업은 막연하기만 하고 직접 눈으로 볼 수 없는 영역의 것들을 가시화 시켜 주었기에, 생각 증상들에 대해 보다 더 잘 파악할 수 있게 해 주었고, 그 결과 적절하게 대응도 할 수 있게 해 주었습니다.

제가 이 병을 경험하고 체계적으로 관리하면서 깨달은 것 중 하나는, 살아가면서 우리가 해결해 가야 할 문제나 과제를 해결함에 있어서도 항상 체계나 규칙을 잡고 가야 한다는 것이었습니다. 그렇게 했을 때 저 자신의 마음도 훨씬 여유로웠고 안정감을 가질 수 있었으며, 그러한 마음 상태로 과제나 문제해결에 임하니 당연히 일 자체도 순조롭게 진행되어 갔습니다. 그 틀이 안정되게 잡혀있는 생활, 규칙적이지만 강박적이지 않고, 흐트러지지 않으면서도 유연한 생활의 흐름을 스스로 만들어 가는 것이 무엇보다 중요했습니다. 그러한 생활방식은 지금도 추구하는 것이지만, 저도 때때로 흔들릴 수 있는 사람이기에 항상 그 흐름을 잃지 않으려 노력하며 살고 있습니다.

또 힘든 불안장애의 다양한 증상들과 매일 함께하다 보면 힘들고, 지치고, 고통스럽고, 포기하고 싶어질 때가 종종 찾아왔습니다. 그럴 때도 개인 일기장이나 블로그에 일기를 쓰며 저 자신을 다독이고 위로하고 응원했습니다. 항상 '나'가 아닌 '우리'라는 표현을 사용하여 나 자신을 혼자 외롭게 만들지 않았습니다. 혼자가 아닌 우리라는 개념으로 스스로 동지애를 만들어 갔습니다. '우리는 오늘도 그 힘든 불안을 안고 회사에 가서 일을 하고, 운동을 하고, 밥도 하고, 청소도 하고, 옷기도 했어. 정말 잘했어. 우리는 정말 대단해. 우리는 앞으로도 무조건 잘 해낼 수 있을 거야.'라는 식으로요. 이러한 기록의 작업은 힘들고 지친 저를 다시 일어설 수 있게 해 주는 의지와 힘을 제게 만들어 주었습니다.

지금도 거울을 보며 '우리는 정말 멋져. 오늘도 파이팅.'이라고 말하거나 일상적인 대화를 하기도 합니다. 처음에는 어색하기도 했지만, 이제는 저를 혼자가 아닌 우리라고 자연스레 받아들이고 느끼고 있습니다. 이렇게 개인적인 일기에는 공개된 카페에 다 공유할 수 없는 내용들을 정리하고, 털어 내면서 기록을 해 갔습니다. 그렇게 오랜 시간에 걸쳐 기록된 일기장이나 블로그의 글들을 지금도 종종 읽을 때가 있는데, 그럴 때면 나태해지는 저를 다시 바로 세울 수 있기도 하고, 잊고 있었던 순간순간의 좋은 깨달음들을 다시 되새기며 현재를 재정비하기도 합니다. 어떻게든 이겨 내 보려, 살아 내 보려 발버둥 치고 고군분투했던, 제 긴 세월의 흔적들을 돌아보는 것은 너무나 신비스럽고도 값진 일입니다. 요즘에도 여전히 저는 기록할 수 있는 공간 여기저기에 글을 쓰고 있습니다. 순간순간, 하루하루 남겼던 기록들이 시간이 지난 후 얼마나 값진 결과물을 가져다주는지 너무나 잘 알기에 저는 오늘도 쓰는 행위를 이어 가고 있습니다.

. . .
읽기

걷기, 쓰기 못지않게 제가 열심히 실천했던 극복 노력 중 하나에는 또 읽기가 있습니다. 좋은 책들, 좋은 글들, 불안장애와 관련된 책들을 반복해서 많이 읽었습니다. 제가 경험하는 병이 도대체 무엇인지 알아야 했기에, 저의 병과 증상에 관련된 책들을, 밤낮으로 읽고 또 읽었습니다. 이 병을 완치하고 싶은 의지가 너무 강했기에 이 병 완치에 좋다는 것들이 있으면 무조건 따라 하고 시도했습니다. 그 방법 중 하나가 책 읽기였고, 운동이나 쓰기를 할 때처럼, 낫고자 하는 간절함으로 읽고 또 읽었습니다. 이 병 극복을 위해 다양한 노력을 실천해 오면서 체계적이고 규칙적인 생활을 해 나가는 것이, '뭔가 내가 제대로 하고 있구나.'라는 심리적인 안정감을 주었기에 저의 극복 노력에도 점점 더 일정한 체계가 잡혀 갔습니다.

시간을 정해 놓고 운동을 하고 일기를 썼듯이 책도 항상 시간을 정해 놓고 읽었는데, 하루 일과를 끝내고 잠들기 전까지의 시간대에 몇 년 동안 매일 읽었습니다. 그때 만들어진 독서 습관으로 지금도 잠들기 전에 항상 책을 보며 하루를 마무리합니다. 회사에서도 업무가 없는 틈을 타 책이나 글을 읽었습니다. 읽기뿐만 아니라 중요하다고 여겨지거나, 내가 지금 힘들어하는 부분에 도움이 되는 내용이 있다면 그 내용은 무조건 노트에 필사를 했습니다. 필사는 그 행위 자체로도 불안함을 진정시킬 수 있었고, 기억하고자 하는 내용들을 뇌에 더 강하게 저장시켜 주는 효과까지 있어서 이 병을 극복해 가는 여정에서 큰 도움이 되는 행위였습니다. 그렇게 필사로 정리된 노트는 항상 가지고 다니며 수시로 꺼내 읽었습니다. 버스정류장에서 버스를 기다릴 때, 업무적으로 한가할 때, 누군가를 기다릴 때 등, 수시로 읽고 또 읽었습니다. 그래야 저의 뇌에 더 깊고 강하게 저장이 될 테고, 그래야 제가 필요로 할 때 그 내용이 조건반사적으로 떠오를 테니까요.

　그렇게 이 병에 도움이 된다고 하는 책과 글들은 무조건 읽으려 노력했습니다. 그리고 이 병과 함께 점점 시간을 보내다 보니, 자존감이라는 개념에 대해 알게 되었고, 그래서 자존감과 관련된 책을 또 읽었습니다. 상처가 유난히 많은 사람이다 보니 상처받지 않는 법에 대해 읽었고, 생각 증상이 주요 증상이다 보니, 생각에 관한 책을 읽었습니다. 거절을 못 하는 사람이다 보니 거절 잘하는 법에 대한 책을 읽었고, 불안이 심하다 보니 불안에 관한 책도 읽었습니다. 힘든 일들이 자꾸 발생하다 보니 고난을 극복해 낸 사람들의 책을 읽었고, 부족하고 철없는 저 자신을 보니 더 나은 사람이 되고 싶어 인품이 훌륭한 사람과 관련된 책을 읽었습니다.

　그렇게 흘러 흘러 도착한 곳에서 영혼의 성장과 관련된 책을 한동안 탐독하기도 했습니다. 영혼의 성장과 관련된 책을 읽으면서는 생소하고 낯설고 신비스러운 영역을 접하고 새로운 경험을 하기도 했지만, 결국 제가 내린 영성에 대한 결론은 내게 주어진 이 세상에서의 삶을 소중히 여기고, 최선을 다해 살아 내며, 힘든 일이든 슬픈 일이든 즐거운 일이든 모든 것들을 오롯이 올바르게 겪어내어 내면적으로 성장하는 것이었습니다. 그렇게 저를 성장시키기 위해 찾아온 고난을 극복하기 위해 읽고 의지했던, 고난을 극복한 사람들의 책들은 제가 힘들고 지치고 고통스러울 때마다 너무나 훌륭하고 큰 버팀목과 길잡이가 되어 주었습니다. 원래 저란 사람이 외부로 저를 잘 들어내는 성향이 아니다 보니, 저의 어려움 역시 외부로 잘 들어내는 편이 아니었고, 이 병의 극복 또한 오롯이 자신만이 해결할 수 있는 것이란 걸 알았기에, 이 두 가지의 이유로 저는 더더욱 더 제힘으로 이 병을 이겨 내고, 스스로를 위로하고, 스스로를 일으켜 세우려 노력했습니다. 거기에 책만큼 좋은 것이 없었습니다.

'책에 길이 있다.'라는 말처럼 정말 책에 모든 게 있었습니다. 하지만 많은 분들이 우리의 병을 극복하는 데 있어 읽어야 하는 것이 얼마나 중요한지 잘 알지 못하는 것 같습니다. 그 이유는 근본적으로 이 병이 자신의 노력보다는 약물치료나 인지 교육과 같은 특정한 방법을 제공받아야지만 극복될 수 있다고 생각하시기 때문인 것 같습니다. 물론, 그런 방법들도 매우 중요합니다. 하지만 그런 것들을 외부에서 제공받게 되시더라도 결국은 자신의 노력이 더 많이 필요합니다. 그래서 저는 이 병을 극복하기 위해서 읽는 것이 정말 중요하다는 말씀을 드립니다. 인지 교육을 받지 않더라도 책을 통해 정보를 얻어 스스로 교육할 수 있고, 그것을 토대로 노력하면 얼마든지 극복할 수 있습니다. 저 역시 10년 전 발병 초기에 잠깐의 인지 교육을 받긴 했지만, 정말 중요하고 올바른 지식은 훨씬 더 오랜 기간을 스스로 읽은 책과 저의 경험과 그 경험을 통한 통찰로 얻을 수 있었습니다. 그리고 강박사고 같은 증상들이 좋아지고 사라지는 과정을 실제로 겪으며 저의 깨달음에 확신을 가지게 되었고, 이렇게 책을 쓰고 있는 것이기도 합니다. 여러분들도 스스로 해결해 가실 수 있습니다. 그러기 위해서는 여러분들이 안고 있는 불안강박이라는 문제에 대한 정확한 정보를 알아야 합니다. 그러려면 스스로 공부하고 지식을 쌓아 가야 합니다. 특히나 생각 증상은, 신체 증상처럼 눈에 확 띄게 '아, 이건 증상이야.'라고 감지될 수 없는 것들이므로, 알아서 분별하고 관리할 수 있는 지식을 마련하는 게 필수적입니다.

저의 글이 그런 면에서 불안강박, 생각 증상으로 고생하시는 분들에게 많은 도움이 될 수 있을 거라 생각합니다. 저의 글은 제가 불안장애 환우로서 하나에서부터 열까지 직접 겪었던 현상들을 글로 옮겨 놓은 것이라, 매우 현실적이고 경험적일 것입니다. 그래서 여러분들이 저의 글을 읽으시면 많은 부분이 공감되고 공통적이라 여기실 것입니다. 그래서 더 현실적이고 실제적인 방법들로 여러분들의 불안장애, 불안강박 극복에 도움이 될 것이라 생각합니다. 이 병을 겪어보지 않은 사람에 의해서는 절대 쓰여질 수 없는 불안장애와 생각 증상들에 대한 지식과 대처 노하우들은 저만의 고유한 것으로서 어디에서도 쉽게 찾아볼 수 없을 것입니다. 부디 불안장애라는 병을 외부의 도움으로만 치료할 수 있는 질병이 아닌 그것과 함께 나의 다양한 실천 노력으로 극복될 수 있다는 관점으로 바라보시고 접근하시기를 바랍니다. 이 병은 결국 자기 치유와 내적 성장이라는 여정을 여러분들에게 드러낼 것입니다. 그 여정에 제대로 도달하기 위해 도움 되는 글들을 많이 읽고 많이 이해하시기를 바랍니다.

. . .

감사일기 쓰기

각종 강박사고와 불안 그리고 다양한 증상들이 강하게 저를 휘몰아치며 힘들게 했던 시기가 점차 좋아져 감에 따라, 저도 점점 심리적인 안정을 찾으면서 제 하루를 돌아볼 여유가 생겨 갔습니다. 하루 종일 병 생각으로 가득 차, 일상적인 생각이 비집고 들어올 틈이 없었던 제 뇌의 공간에, 이제 일상적인 생각들이 하나씩 들어와 자리를 잡아 갔습니다. 강했던 증상들이 사라졌다는 순간을 자주 자각할 수 있었고, 그렇게 자각될 때마다 마음에서는 아름다운 향기가 올라와 입가를 타고 번져 갔습니다. 그 지옥 같았던 생각과 불안의 감옥에서 탈출해, 그냥 일상적인 순간을 보내고 있다는 사실 하나만으로도 저는 세상 모든 게 그저 눈물 나도록 감사했고 흐뭇했습니다. 그 지옥 길을 견뎌 내고, 당당히 걸어 나와 준 저 자신이 가슴 벅차도록 뿌듯하고 기특했습니다. 정말 저 자신이 그리 대견할 수가 없었습니다.

하지만 사람이라는 동물이 또 적응의 동물인지라, 그렇게 좋아진 일상에 적응하다 보니, 점차 그 감사한 일상을 당연하게 받아들이게 되고, 그 좋아진 일상을 되찾기 위해 내가 얼마나 힘들게 노력했었는지도 점차 잊게 되어 갔습니다. 그러고는 감사함과 보람, 흐뭇함과 겸손 같은 좋은 향기가 났던 제 마음의 대지에, 다시 불평과 불만, 욕심과 조급함, 시기 질투, 편견과 비판 등 부정적인 싹들이 슬금슬금 머리를 내밀기 시작했습니다. 그럴 때마다 속에서는 부글부글 부정적인 에너지가 끓어올랐고, 불안과 증상들은 그 부정적인 에너지를 매개로 다시 성장해 갔습니다. 그러던 어느 순간 저는 분명히 예전에는 매 순간이 감사했고, 세상에 불평과 불만은 찾을 수조차 없었는데, '왜 이렇게 되었을까?'라고, 스스로에게 묻는 시간을 가지게 되었고, 그 물음에 대한 답을 찾는 과정에서 발견한 것이 감사일기를 쓰는 것이었습니다. 감사일기는 이미 이전부터 여러 책이나 매체를 통해 익히 알고 있었지만,

제가 몸소 써야 한다는 필요성을 느끼게 되면서부터 쓰기 시작하게 된 것입니다. 그렇게 2014년부터 시작된 감사일기 역시 현재까지 꾸준히 써오고 있습니다. 물론 하루도 빼먹지 않고 쓴 것은 아니었지만, 그 끈을 놓지 않을 정도로 꾸준히 써오고 있습니다. 처음에는 감사한 마음도 생기지 않았고, 감사한 일도 억지로 찾아내야만 하는 형식적인 일기에 불과했지만, 그 역시 시간을 거듭해 쓰면 쓸수록, 제 마음에서 아름다운 향기가 올라와 입으로 번져 갔습니다. 나중에는 '감사합니다.'라는 말만 꺼내도 미소가 얼굴 가득 번져 갔고, 이제는 일상생활에서 부딪히는 사람들과 상황 속에서도 '감사합니다.'를 습관적으로 말하게 되기도 합니다. 감사일기를 비교적 꾸준히 쓰다 며칠만 소홀해져도 그 차이가 확연히 느껴졌기에, 조금 게으름을 피워 보더라도, 제 마음에 가시덤불이 자라나 여기저기를 찔러댈 때면, 아이가 엄마를 찾아가듯, 감사일기를 다시 찾아가게 됩니다.

그것은 제 생각과 마음에 가시덤불들을 제거해 주었고, 감사한 일들을 더 많이 제 일상 속으로 가져다주기도 했습니다. 세상과 저의 삶을 바라보는 관점이 이 감사일기를 꾸준히 써왔던 과정에 의해 많이 바뀌어 갔습니다. 뭐라 설명할 수 없는 이 변화는 제 일상 자체를 바꾸어 놓았습니다. 작은 것에 감사함과 기쁨을 느낄 수 있게 되니, 큰 것에 대한 욕심들이 사라졌고, 불평과 불만이 사라져 갔습니다. 아니 불평과 불만을 가져야 할 이유가 없음을 알아 가게 되었습니다. 세상에 그저 이루어지는 것이 없음을 알게 되기에, 저에게 일어나는 모든 것들에서 겸허한 마음이 생겨났습니다. 사소한 것 하나에도 감사함이 깃들여져 있지 않은 것이 없다는 것을 알게 되었습니다. 그러면서 더 많이 감사함을 표현하게 되었고, 제가 감사함을 표현하면 할수록 사람들도 세상도 더 친절하고 따뜻하게 저에게로 다가왔습니다. 저를 둘러싸고 있는 공기의 입자가 밝게 변해서 세상을 밝게 물들이는 것 같았습니다.

사람의 습관이 길들이기 나름이듯 감사일기를 쓰는 길을 내면 낼수록, 그 길은 더 반짝거리고 선명해졌습니다. 하지만 또 조금만 세으름을 피우고 감사하기를 멀리하면, 다시 그 전의 모습들이 슬금슬금 피어올라 왔기에, 꾸준히 감사일기를 쓰며, 저의 마음을 지금도 관리하고 있습니다. 하지만 기본적인 제 생각의 틀은 그전과 많이 변해 있습니다. 이 변화는 자신만이 알 것입니다. 우리가 사용하고 있는 언어에도 특정한 에너지와 힘이 있다고 합니다. '감사합니다.'라는 말을 자주 사용하면 할수록, 감사함의 에너지는 세상 밖으로 멀리 퍼져나가 감사한 일들을 더 많이 끌어온다고 합니다. 그리고 그 마음이 감사함을 전달해야 할 대상에게도 전해져 좋은 영향을 미칠 수 있을 것입니다. 나의 말 한마디가 누군가에게 좋은 영향을 미칠 수 있다면 얼마나 가슴 설레고 멋진 일일까요.

. . .

취미 활동

다음으로 제가 또 불안에 맞서고 강박과 염려에 맞서려 꾸준히 실천해 왔던 것 중 하나는 취미활동이었습니다. 저의 취미활동으로는 십자수, 프랑스자수, 뜨개질, 명화 그리기, 보석 십자수, 우쿨렐레 연주, 미니어처 소품 만들기, 비즈 용품 만들기 등 아주 다양했습니다. 취미활동을 본격적으로 시작하게 된 계기도 손을 쓰는 행위가 불안을 조절하는 데 도움이 된다는 정보에 의해서였습니다. 집중력을 요구하는 수작업들은 정말 불안할 때나 강박사고들로 힘이 들 때 한곳에 집중하게 함으로써 그것들을 한동안 제 뇌리에서 사라지게 해주었고, 그만큼 피부로 체감하는 불안과 강박사고의 영향력도 감소시켜 주었습니다. 아무것도 하지 않는 상태에서는 무방비 상태로 증상들에 나의 정신이 그대로 노출되기에, 체감되는 증상의 영향력은 당연히 클 수밖에 없습니다. 꼭 불안장애에서 나타나는 증상이 아니더라도, 우리가 힘든 일이 있거나, 잊고 싶은 일이 있을 때 다른 활동들을 하게 되면 일시적으로 그 일들이 잊힘으로써 그 일과 내 정신 사이에 공간이 생겨 덜 힘들게 되고 여유도 찾을 수 있습니다.

불안과 각종 생각 증상도 어차피 시간을 많이 필요로 해서 나아지기에 어떻게 현명하게 시간을 보내는가는 정말 중요한 문제입니다. 다양한 취미활동은 그런 의미에서 저와 증상 사이에 숨 쉴 수 있는 공간을 만들어 주었고, 그래서 저는 훨씬 더 가벼운 상태로 긴 극복 기간을 보낼 수 있었습니다. 또 취미활동을 통해 성취감이나 뿌듯함, 자신감, 즐거움, 나눔과 베풂의 기쁨, 감사함 등의 내면적 성과도 얻을 수 있었습니다. 특히, 한땀 한땀 공들여 수를 놓아야 하는 작품들이나, 한알 한알 보석을 그림에 붙여 완성해 가야 하는 작품들은, 순간순간 높은 집중력을 요구하는 것과 동시에, 수고로움 또한 컸기 때문에 완성했을 때의 기쁨과 보람은 이루 말할 수 없을 만큼 컸습니다. 또 마음을 차분하게 진정시켜 주어 작업을 하는 동안 마음이 평화로워지곤 했습니다.

그리고 전혀 경험이 없었던 새로운 분야의 취미에 도전해 조금씩 시도하고 배워가고 완성해 가는 과정은 '나도 이런 걸 할 수 있구나. 뭐든 하면 되는 거구나.'라는 저에 대한 가능성도 찾게 해주었습니다.

그러면서 또 자신감이 생겨났고, 그러한 자신감은 취미활동에서뿐만 아니라 다른 영역에까지 좋은 영향을 미쳤습니다. 제가 취미활동을 환우분들께 권유해 드렸을 때, '뭘 잘하는지 모르겠다. 뭘 해야 할지 모르겠다.'라고 하시며 관심도 가지지 않은 채 자신이 감당해야 할 불안과 증상에만 하루 종일 집중하며 힘들게 시간을 보내시는 분들을 많이 보아 왔습니다. 물론, 당장에 불안과 증상들이 나를 너무 힘들게 하니, 다른 생각을 할 수 없는 것도 당연할 수 있습니다. 하지만 뭐든 시작해 보셨으면 합니다. 내가 무언가를 하려 할 때 발목을 붙잡는 부정적인 생각들을 뿌리치고, 일단은 제일 쉬워 보이는 것부터 시작해 보셨으면 합니다. 취미활동은 잘해야 하는 것도 아닐뿐더러, 나한테 맞는 취미활동을 찾기 위해서는 일단 몸으로 부딪쳐 직접 해봐야지 알수 있습니다. 그렇게 시도하다 보면 의외로 내가 전혀 관심이 없던 것들이 재밌을 수 있고, 전혀 재능이 없을 거라 생각했던 것들에서 숨겨진 나의 재능과 가능성도 찾을 수 있습니다. 증상들은 어차피 자동으로 나타나는 것들이고, 내가 아무리 발버둥 쳐봐야 병이 완전히 낫지 않는 한, 계속해서 나타날 수밖에 없습니다.

불안장애라는 병의 고유한 증상으로써 발현되고 있는 것들을 내 능력으로 중단시킬 수는 없습니다. 어차피 함께 가야 하고, 어차피 겪어야 하고, 어차피 시간이 필요한 것이라면, 이왕이면 그 상황 안에서라도 즐거움을 찾고, 보람을 찾고, 행복을 찾는 것이 나의 인생을 더 가치 있게 만드는 일일 것입니다. 불안장애와 함께하는 그 많은 시간 동안 오로지 증상에만 목을 매고 산다는 것은 내 소중한 삶의 시간에게 너무나 미안한 일이 될 것입니다. 오히려 즐거운 일을 찾고, 무언가에 몰두하며, 보람을 찾아가는 생활을 해가다 보면, 불안이나 증상은 자연스럽게 더 빨리 뒤로 물러나게 될 것입니다. 과거에 저도 그러했지만, 사람들은 뭔가를 이루기 위해서는 꼭 크고 거창한 무언가를 해야만 한다고 생각합니다. 하지만 사실은 작고 사소한 것들이 쌓이고 쌓여야 큰 것을 이룰 수 있습니다. 저도 십 년이라는 세월 동안 이 병을 극복해 내기 위해 시도했던 다양한 경험을 통해 깨닫게 된 사실입니다.

바람 앞에 촛불 같았고 아무것도 내 손으로는 할 수 없었던 제가, 이 병을 이겨 내기 위해 시작했던 걷기나, 읽기, 쓰기와 같은 활동들을 취미활동과 함께 꾸준히 병행에 오다 보니, 그 모든 활동이 쌓이고 쌓여 커다란 빛으로 합쳐져 저에게 큰 긍정의 변화를 가져다주었고, 그래서 저는 그전하고는 많이 다른 사람이 되었습니다. 다른 사람이 되어 갈수록 저의 불안장애나 저를 둘러싼 환경도 점차 좋은 쪽으로 변화해 갔습니다. 다른 사람이 되었다고 해서 제가 대단하고 잘난 사람이 된 것을 의미하는 것은 아닙니다. 그저 지금은 적어도 제일은 무엇이든 스스로 할 수 있고, 뭐든 해보려 시도하고, 제가 처한 환경에서 최선을 다해 살아가려는 사람이 되려 노력할 뿐입니다. 과거의 저는 모든 일을 회피하기만 했던 사람이라, 무엇이든 회피하지 않고 직면하려 노력하며, 저의 언행과 저의 삶에 책임을 질 줄 아는 사람이 되려 노력합니다. 그전의 부족하고 미흡하고 어리석었던 저하고는 다르게, 무조건 그 반대로 살려 노력합니다. 그러한 노력이 꾸준히 이어질 때 시간은 저를 계속해서 더 좋은 방향으로 이끌어 가지 않을까요.

또 제가 감사하게 생각하는 취미활동의 좋은 결과로는, 제가 직접 만든 취미활동의 완성품들을 주변의 지인들과 나누며 느꼈던 기쁨과 감사함이었습니다. 주는 기쁨이 뭔지 모르고, 받기만 원했던 철없던 제가 이 과정을 통해 '아, 주는 게 이렇게 행복하고 기쁜 것이었구나.'라는 걸 깨달으며, 주는 기쁨에 대해 알아 가게 되었습니다. 제가 정성들여 만든 취미활동의 완성품들을 주변 분들께 나누어 드렸을 때, 그분들은 제가 생각했던 것 이상으로 기뻐해 주셨고, 고마워해 주셨으며, 그것들을 너무나 소중히 여겨 주셨습니다. 저는 별거 아니라고 생각했던 작은 것들에 대해, 그렇게 여겨 주시는 분들의 마음과 모습을 보며 너무 큰 감동을 받았으며, 감사함으로 충만해지곤 했습니다. 그 기쁨과 감사함이 너무 좋아 저는 다시 만들고 싶어졌고, 다시 나누고 싶어지는 감사한 마음의 길을 제 마음에 새길 수 있었습니다.

나란 사람, 나의 어떤 행위, 나의 어떤 작은 노력이 누군가의 마음에 좋은 영향을 줄 수 있고, 또 내가 그럴 수 있는 능력이 있는 사람이라는 사실을 생각하면 그것이 얼마나 기적적이고 감사한 일인가요. 우리는 분명히 누군가에게 도움이 되고, 즐거움을 주고, 좋은 영향을 줄 수 있는 사람일 수 있습니다. 작은 빗물이 모여 거대한 바다가 되듯, 그것은 아주 사소하고 작은 데서 시작될 수 있으며, 그 작고 사소한 것들이 모여 결국, 나만의 평안을 위해 살았던 작은 나를, 타인을 도울 때 행복감을 느끼고, 감사함을 느끼고, 기쁨을 느끼는 커다란 나로 인도해 줄 수도 있을 것입니다. 이렇게 저에게 나타났던 불안강박들 그리고 각종 증상을 어떻게든 이겨 내 보려 시작했던, 그 단순한 작업의 모든 과정과 결과에서 저는 전혀 생각지도 못했고, 의도하지도 않았던, 너무나 값진 것들을 얻을 수 있었습니다.

지금 나의 작은 행동들 하나하나가, 먼 미래에 어떤 결과를 가져올지는 아무도 모를 일입니다. 분명한 것은 좋은 것들을 꾸준히 실천해 가다 보면, 결국 미래에 내게 다가올 것들은 그 좋은 것들이 극대화된 형태일 것이라는 것입니다. 힘든 불안과 하루 종일 나의 머릿속을 장악해 나를 괴롭히는 강박사고들과 함께하며 그것을 어떻게든 이겨 내 보려 노력하는 여러분들의 순간순간들이 얼마나 힘든 것인지 저는 너무나 잘 알고 있습니다. 세상에 즐거울 일은 하나도 없고, 오로지 병과의 사투만으로 채워지는 하루하루가 얼마나 피곤하고 힘이 들겠습니까. 우울과 무기력과 삶에 대한 회의가 종종 찾아오기라도 하면 더 힘들고 지칩니다. 그러니 저의 경험으로 권유해 드리건대 그렇게 무겁고 힘들기만 한 나의 생활에 작은 틈을 내어 작고 사소한 취미활동을 시작해 보셨으면 합니다. 그 작은 틈으로 숨 쉴 수 있는 가느다란 공기가 들어가기 시작할 수만 있다면 결국에는 그 작은 공기가 편안하고 완전하게 숨 쉴 수 있는 커다란 공간으로 나의 마음에 자리 잡을 것입니다.

이 병을 극복하기 위해 해야 할 노력 중에 불안과 각종 증상에 관해 공부하고, 공부를 통해 알게 된 정확한 지식으로 자신의 증상들을 올바르게 처리하는 일은 무엇보다 중요한 일입니다. 그것을 해 나가면서 동시에 걷기나 쓰기, 읽기 등의 노력을 함께하는 것도 역시 중요한 일입니다. 이러한 중요한 것들을 실천해 가면서, 소소한 취미활동도 함께해 가신다면, 이 병과 함께하는 생활의 실속 자체가, 아닌 사람들하고는 확연히 달라질 것입니다. 그리고 결과 또한 엄청나게 달라질 것입니다. 내가 살아가야 할 나의 삶은 나에게만 주어진 감사한 시간입니다. 병이 있건 없건 그 시간을 어떻게 쓸지는 오롯이 자신의 몫입니다. 이왕이면 어차피 살아가야 할 거 잘 쓰고 잘 있다 가는 게 좋지 않을까요.

- - -

도전하기

취미활동을 하며, 새로운 분야에 도전하고 성공하는 경험의 반복을 통해 저는 '나도 할 수 있다.'라는 자신감과 저의 잠재력을 발견하게 되었고, 새로운 분야로의 도전은 점점 더 어렵지 않게 다가왔습니다. 그 도전력에는 이 병이 만들어 내는 불안과 각종 생각 증상들을 제 힘으로 이겨 내 온 강한 자신감이 함께 녹아 있었습니다. 사실, 우리가 겪는 불안과 재앙사고들, 각종 염려들, 공황발작과 같은 신체 증상들이 얼마나 두렵고 공포스러운 것들인지요. 인간의 생존본능을 자극하는 그 불안과 생각들은, 나의 생존과 안전에 지대한 영향을 미치는 것들이니, 반대로 우리가 그 불안과 불안한 생각들을 이겨 낸다는 것은 얼마나 더 대단한 일일까요. 마치 폭탄을 가슴에 안고 불 속으로 뛰어드는 심정으로, 매 순간 불안을 마주하고 견제했으며, 각종 재앙사고와 불안염려에 맞서야 했으니까요. 이만큼 대단한 직면이 어디 있겠으며, 이만큼 나 자신의 정신력과 나의 의지, 나의 용기, 나의 내면을 강하게 단련시키는 훈련이 또 어디에 있을까요. 어찌 보면 우리는 그런 면에서 혜택받은 사람들일지도 모르지요.

제가 불안장애가 상당히 좋아진 시기에 그 과정에서 커진 자신감과 용기, 그리고 새로운 것들에 도전하고 성취했을 때의 성취감에 매료되어 도전했던 분야가 사회복지 분야였습니다. 물론 거기에는 힘든 일과 불안장애라는 병을 겪으며, 자연스럽게 생긴 봉사의 마음도 도전 동기로 함께 포함되어 있었습니다. 그 과정에서 저는 한 번도 시도해 보지 않았던 다양하고 힘든 일들을 많이 해내야 했고, 그 결과 자연스레 새로운 지식과 능력도 쌓여 갔습니다. 저는 계속해서 '하면 되는구나. 이게 되는 거였어. 힘들어도 어떻게든 해 내는구나.'라는 저의 새로운 가능성을 또 발견하고 자신감을 얻었으며, 동시에 저의 능력도 계속해서 발전해 갔습니다. 그리고 저의 내면도 점점 더 단단하고 강해졌으며 세상일에 여유가 생겨 갔습니다. 힘든 일에 도전하면 더 힘들어질 거라는 저의 예상은 빗나갔고, 힘들고 어려운 과정이 있는 것은 사실이었지만 결국, 그것을 이루어 냈을 때의 저의 상태는 더 안정적으로 변해 갔습니다. 그리고 마음 안에서는 단단한 뿌리 같은 것이 느껴졌습니다. 그 뿌리는 제가 새로운 것에 도전하고 이루어 낼 때마다 점점 더 강해지는 것만 같았습니다.

그러한 도전에는 운전을 시작했던 것, 장거리 운전을 해 보는 것, 각종 자격증 따는 것, 새로운 직장에 입사하고 적응하는 것, 새로운 업무를 익히는 것, 새로운 요리를 시도해 보는 것, 새로운 공부를 시작하는 것, 새로운 사람을 만나는 것, 새로운 곳에 가 보는 것, 해 보지 않은 일을 해 보는 것, 새로운 것을 배우는 것 등 무수히 많았습니다. 앞에서도 말씀드렸듯이 작고 사소한 것들이 모일 때 큰 힘을 발휘할 수 있습니다. 우리의 일상생활에서도 작고 사소한 것에 도전해 큰 것을 이루어 낼 기회는 찾아보면 너무나 많습니다. 꼭 크고 대단한 것에 도전해서 성공하는 것만이 가치 있는 것도 아니며, 그것만이 특별한 효력을 발휘하는 것도 아닙니다. 우리가 흘러버리는 일상을 잘 들여다보면, 좋게 활용할 수 있는 것들은 너무나 많습니다. 도전을 시작하고 이루어 내는 과정에서는 온갖 것들이 출렁이고, 당연히 힘이 듭니다. 그 과정이 힘이 들어 다시는 도전하지 않겠다는 후회가 밀려오기도 합니다. 하지만 그래도 그것들을 뿌리치고 그 도전을 지속시켜 나갈 힘 역시 꾸준한 도전과 성공을 통해 길러 가는 것임을 알게 되었습니다.

그 힘이 강해질수록 나는 지금 이렇게 후회하고, 힘들어하고 있지만, 이것을 뛰어넘고 결국에는 나의 도전을 성공시켜 내리라는 것을 자연스레 믿게 됩니다. 지금 쓰고 있는 이 글도 저에게는 매 순간이 도전입니다. 한 자 한 자, 한 문장 한 문장이 도전입니다. 나의 글이 읽으시는 분들에게 정말 도움이 될 수 있을까? 라는 두려움에 대한 도전이고, 얼마나 많은 분들이 이 글을 보시게 될까? 라는 두려움에 대한 도전입니다. 새로운 도전에는 늘 두려움이 따르기 마련이고 용기도 필요합니다. 그러한 과정 없이 이루어지는 것은 세상 어디에도 없습니다. 이제 저는 그러한 사실들을 너무나 잘 알기에 두려움을 딛고 용기를 내어 한 글자 한 글자를 이 지면에 써내려 갑니다. 많은 순간 있었던 힘든 과정들을 뚫고 어느새 제가 계획한 제 책의 집필 상황이 지금 여기, 거의 막바지까지 와 있는 것을 보면서, 제 마음속에서는 아름다운 향기가 또 살살 피어나는 것 같습니다. 저는 여기까지입니다. 나머지 제가 두려워하는 문제는 제 영역이 아닙니다. 저는 여기까지 온 것만으로도 잘 해낸 것이라 믿습니다.

• • •

생각과 감정 관리하기

강한 불안과 생각 증상들이 어느 정도 정리가 되어 가고 마음에 안정과 여유가 생기면서, 이제 저는 불안과 병적인 생각이 아닌, 저의 정상적인 생각과 감정이라는 것에 대해 새로운 시각으로 바라보게 되는 계기를, 그 당시 읽은 책들을 통해 마련하게 되었습니다. 그 새로운 시각은 '생각과 감정은 진정한 내가 아니다. 생각과 감정들이 일어날 때 그것과 하나 되지 말고, 나와 분리해 관찰자의 입장으로 보라.'는 것이었습니다. 이러한 내용은 가장 초기에 읽었던, 김상운님의 '왓칭'과 에크하르크 톨레의 '지금, 이 순간을 살아라.'에서 접할 수 있었습니다. 그 책들을 시작으로 저는 소위 말하는 '영성' 즉, 영혼의 성장에 관련된 책들을 한동안 많이 읽으며, '진정한 나는 누구인가?'에 대한 새로운 내용에 많이 접할 수 있었고, 그를 계기로 나에 대한 다른 시각을 가지게 되기도 했습니다.

처음에는 이러한 내용들이 뜬구름 잡는 것 같기도 했고, 생각과 감정에서 나를 분리하는 일이 뭐 그렇게 큰 의미가 있을까 싶은 생각도 들었기에, 처음부터 꾸준하게 제 생각과 감정을 바라보고 분리하려 노력했던 것은 아니었습니다. 물론 진정한 나에 대한 부분 역시 말입니다. 하지만 불안과 각종 증상이 정말 많이 좋아졌어도, 한 번씩 나타나 저를 불살라 버릴 정도로 타오르던 분노라는 감정을 접할 때면, 너무나 힘이 들었고, 어떻게 해서든 그 분노라는 감정을 녹여내고 편안한 마음을 가지고 싶었기에, 감정을 다스리는 쪽으로 점점 더 다가갈 수밖에 없었습니다. 제가 경험했던 강박사고가 몸에 난 상처처럼 눈으로 볼 수 있는 물리적인 것들이 아니고, 의식을 눈처럼 이용해 나의 머리에서 일어나는 일들을 봐야 했기에, 진정한 나는 의식 그 자체이며, 나타나는 감정과 생각을 그 의식으로 바라보라는 내용은 마치, 제가 강박사고와 함께하며 강박사고를 견제했던 그 훈련의 과정이, 종국에는 '진정한 나를 찾아가기 위해 준비된 시간이 아니었을까?'라는 생각이 들 정도로 비슷해서, 책을 읽으며 소름이 돋을 때도 많았습니다. 차분히 나의 머리에서 흘러가는 생각의 흐름을, 의식으로 바라보는 작업은 몇 년에 걸쳐 다져졌기에, 저에게 그리 어려운 일은 아니었습니다. 그리고 생각 역시 진정한 내가 아닌, 나의 신체 장기나, 눈, 코, 입과 같은 나의 일부일 뿐이라는 사실도 크게 거부감 없이 받아들일 수 있었습니다.

· · ·

분노와의 화해

하지만, 역시나 감정적인 부분은 만만한 게 아니었습니다. 특히 수치심이나, 모멸감, 열등감, 질투심, 괘씸함과 같은 부정적인 감정들을 느끼는 상황에 부딪히게 될 때면 나의 존재가 땅바닥으로 꼬꾸라지는 것처럼 아프고 고통스러웠습니다. 감정은 생각과 달리 너무나 나 자신과 밀착해 있는 것 같았고, 내 자신의 존재가 정말로 너무 하찮아지는 거 같았습니다. 그 감정이 실제로 나를 어떻게 할 것만 같아 두렵고 무서 웠습니다. 그래서 그런 고통을 느끼고 싶지 않아, 그런 상황들을 피해 다니기도 했지만, 그것은 진정한 해법이 아니라는 것을 시간이 흐르면 서 알게 되었습니다. 감정을 있는 그대로 바라보면 감정이 사라진다는 데, 제가 피부로 확연히 느낄 만큼 변화가 쉽게 나타나지도 않았습니 다. 저는 그런 부정적인 감정이 일어나면 안 되는 것들이라 여겼고, 아 예 나타나지 않기를 바랐으니까요. 그러니 저에게 그런 감정들이 나타 날 때면, 나타나지 않아야 할 게 나타났다고 저 스스로 그런 감정들을 얼마나 더 억압시키고 거부했을까요. 그러면 그럴수록 저의 내면은 얼 마나 더 아프고 힘들었을까요.

그러다 분노라는 감정이 일차감정인 무력감이나 슬픔, 공포와 불 안, 억울함, 우울, 두려움 등의 감정이 수용 받지 못할 때 나타나는 이 차 감정이라는 사실을 알게 되었습니다. 또 모든 감정은 그 자체로 소 중한 것이며, 감정이 일어나는 것은 자연스러운 현상이고, 절대 억압 되어서는 안 된다는 것도 알게 되었습니다. 분노는 제 모든 억압된 감 정의 집합체였습니다. 모든 종류의 억압된 부정적 감정과 감정들 이면 에 제가 제대로 알아봐 주지 않은 가엾은 저의 마음들이 하나로 섞여 서, 거대한 힘을 가진 에너지체가 되어, 수시로 저에게 나타났던 것입 니다. 그 분노라는 감정이 저를 불태워 버릴 정도로 강했던 이유도 알 것 같았습니다. 그 후로는 분노라는 감정에 대해 새롭게 접근하게 되 었고, 분노를 비롯한 부정적인 감정과 생각들이 올라올 때는 그저 조

3장 | 나를 돕는 마음가짐의 실천과제와 마음가짐

용히 바라보며, 있는 그대로 수용해 주려 노력하게 되었습니다. 그리고 그 감정들 이면에 있는 저의 공감받지 못했던 마음들을 들여다보려 노력하게 되었습니다. 부정적인 감정이 일어나서는 안 되는 것이 아니라, 일어나는 게 당연하다는 수용적인 마음을 가지게 되면서, 저는 오히려 마음이 편해졌고, 분노라는 감정과 화해할 수 있었습니다. 이제는 부정적인 감정이 올라오면 눈동자를 지긋이 내리깔고 의식의 눈으로 그 감정들을 조용히 바라봅니다. 그리고 사랑을 표현합니다. 제 사랑의 마음으로 저의 부정적인 감정 이면에 억압되어있는 상처 입은 저의 마음들이 치유될 수 있기를 바라면서요. 이제는 부정적인 감정이 두렵지 않습니다. 그 존재들 역시 나의 일부라는 것을 알게 되었으니까요. 그리고 이 세상이 긍정적이고 좋은 것만으로는 존재할 수 없다는 걸 아니까요. 부정이 있기에 긍정이 더 빛을 발할 수 있다는 것을 이제는 아니까요.

* * *

나 자신을 지키고 사랑하기

이 글을 읽고 계시는 여러분들 중에서도 분노라는 감정과 싸우고 계실 분들이 아마 많이 계실 것으로 생각합니다. 실상은 분노의 등 뒤에 숨어 있는, 억압된 감정들과 싸우고 계시는 거겠지요. 우리는 대부분이 감정표현에 서투실 겁니다. 아니 나의 마음이 어떠한지 나의 감정이 어떠한지조차도 모를 수 있으실 겁니다. 거절도 잘 못 하실 테고, 나의 의견을 표현하는 것도 힘드실 겁니다. 힘에 부치거나, 하기 싫은 일들을 억지로 참고 감당하며, 고군분투하고 계실지도 모르겠습니다.

나 힘들다고 말도 못 하고, 내가 힘든지도 모른 채 나 자신을 혹사하고 있을지도 모릅니다. 어디에도 나의 힘든 마음을 털어놓지 못해 혼자 끙끙거리며 힘들어하고 계실지도 모릅니다. 한 존재에게 사랑받고 싶고, 인정받고 싶어서 안간힘을 쓰고 계실지도 모릅니다. 서운해도 참고, 서러워도 참고, 기분이 상해도 참고 또 참고 또 참고 계실지도 모릅니다. 제가 그랬으니까요. 그래서 저에게 불안장애라는 병이 찾아왔으니까요. 참았기 때문에, 억압했기 때문에, 몰라 줬기 때문에, 나의 불쌍하고 가엾은 내면의 어린아이가 더 이상 혼자 힘으로 감당하지 못해 터져 버린 것이 이 병일 테니까요.

그러니 여러분들, 나의 분노와 싸우지 마시고, 그렇지 않아도 억압된 감정인 분노를 두 번 억압하지 마세요. 지금부터라도 나의 마음을 알아봐 주세요. 뭐가 서운한지, 뭐가 하기 싫은지, 뭐가 기분 나쁜지, 뭐가 나를 화나게 하는지, 나의 감정을 먼저 살피고, 있는 그대로 존중해 주세요. 그리고 참지 마세요. 억지로 하지 마세요. 거절해도 괜찮고, 싫으면 싫다고 말하셔도 돼요. 불안장애에서 나타나는 불안과 생각 증상을 잘 다루어야 하는 중요한 이유는, 첫째 나타나는 증상들을 더 이상 강화하지 않고 진화시키기 위함입니다. 둘째, 불안과 생각 증상을 제대로 다루지 못하면 일상생활에서 다양한 불편과 제한적인 상황들이 발생하고, 그 상황을 제대로 처리하지 않으면 이 병과도 오래 함께 할 수밖에 없기 때문이기도 합니다. 그리고 마지막으로 불안과 생각 증상이 언제 어디서 다시 나타나더라도 초기에 개입하고 진화해서 나에게 다시 뿌리내리지 않게 하기 위함입니다. 이 세 가지가 잘 이루어져야 불안장애와 이별할 수 있는 계기를 마련할 수 있습니다.

갑자기 이 말씀을 드리는 이유는 위에서 말씀드린 세 가지의 내용과 함께 중요하게 다루어야 할 것 중 하나가 자신의 순간순간의 마음과 감정을 잘 돌보고, 억압시키지 않아야 한다는 말씀을 드리기 위함입니다. 이 두 가지 형태의 극복 노력이 같이 병행되어야 하는 것입니다. 억압되어진 것들은 무조건 그 한계상황이 오면 어떤 식으로든 표출되기 마련이고, 우리는 이미 그 한계치를 넘어서 표출된 억압의 에너지를 불안장애라는 병으로 경험하고 있기에, 우리가 할 일은 그 억압된 감정과 마음들을 하나하나 알아봐 주고 치유해 가는 것과 동시에, 더이상 억압시키지 않아야 한다는 것입니다. 더는 나를 혹사하거나 방치해서는 안 됩니다. 나를 스스로 사랑해 주고, 돌봐 주어야 합니다. 불안장애가 나타나기 전처럼 여전히 나를 똑같이 대하고 있다면, 불안장애의 다양한 증상들은 계속해서 나타날 것입니다.

자신을 사랑해야 합니다. 처음부터 쉽지 않을 수 있습니다. 그렇게 안 살아왔으니까요. 저도 그랬습니다. 습관을 바꾸는 게 얼마나 힘이 드는지 너무나 잘 압니다. 그냥 살던 대로 사는 게 당장은 편할지도 모릅니다. 기질적으로 예민한 우리에게 새로운 변화는 너무 큰 두려움입니다. 내가 나의 감정과 의사를 표현하고, 누군가의 부탁을 거절하고, 내가 하고 싶은 걸 주장할 때 상대방이 어떻게 나올지 너무 두렵고 불안합니다. 그로 인해 내가 어떤 불이익을 당하지는 않을까 두렵고 겁납니다. 상대방이 나를 싫어하게 되진 않을지, 나를 나쁜 사람으로 보진 않을지에 대한 생각으로 두렵고 불안하며 거절했다는 사실에 대한 죄책감으로 괴롭습니다. 저도 오랜 시간에 걸쳐 이 과정을 겪었습니다. 처음은 다 어렵습니다. 처음부터 쉬운 건 하나도 없습니다. 불안장애의 증상을 내 힘으로 견제하고 물리쳤을 때 자신감이 생기고, 무언가를 시도해서 이루고 났을 때 자신감이 생기듯이, 이 거절이나 자기 표현 등 나를 지키는 다양한 시도도 하다 보면 자신감이 생깁니다. 자신감이 생기면 점점 더 수월해집니다. 나의 어떤 시도가 상대방에게 통할 때 자신감을 가지게 되고 안심하게 됩니다.

'와, 내 말이 먹혔네? 아니, 이거 안 한다고 해도 괜찮잖아?', '와, 이 이야기를 해도 괜찮네?'라는 반응과 함께요. 저는 이런 반응을 지금 남편과의 사이에서 많이 경험했습니다. 사실 제가 태어나고 자라온 환경이 강압적이었고, 통제적이었으며, 일방적이었기에 저는 소통에 대해 잘 모르고 자랐습니다. 그것이 당연하다고 여기면서요. 저는 어릴 때 착하고 말 잘 듣는 아이였습니다. 공부도 꽤 하는 편이었기 때문에 주변에서는 칭찬도 많이들 하셨습니다. 착하고 순한데 공부도 잘한다고요. 어릴 때는 그렇게 사는 게 당연하고, 좋은 것인 줄로만 알았습니다. 지금 생각해 보면 그때의 저는 착하고 순했던 게 아니라, '학습된 무기력의 상태가 아니었을까?'라는 생각이 듭니다.

저는 그렇게 자라온 방식대로 무기력한 성인이 되었고, 그때부터 여러 문제점을 본격적으로 경험하게 되었습니다. 성인 이전까지는 학생 신분이었고 학생이 학교와 집에만 충실하면 큰 문제가 발생할 이유가 없었으니까요. 그렇게 성인이 된 후 많은 고난과 우여곡절을 겪고 십년 전쯤 지금 남편을 만나면서 저는 저의 많은 것들이 존중받고 인정받는 경험을 하게 되었습니다. 그동안 저 자신에 대한 부정적인 자기 인식으로 저의 내적 자존감은 바닥을 쳤지만, 남편과의 소통, 애정 어린 응원과 사랑, 인정과 칭찬 등으로 저는 스스로에 대한 부정적인 편견들을 하나씩 깨어 갈 수 있었습니다. 신기하게도 남편의 응원과 지지는 제가 극복해 내야 할 삶의 다양한 과제들을 잘 헤쳐 나갈 수 있게 해 주었고, 저 역시 그런 과제들을 저 스스로의 예상을 넘어 잘 해내 주었기에, 이 두 가지가 합쳐져 저의 내적 자존감은 점차 강화되어 갔습니다.

저는 충분히 무엇인가를 해낼 수 있는 가능성과 능력이 있는 사람이었지만, 그 사실을 모르고 살아왔기에, 제가 무엇인가에 도전해서 예상치 못한 좋은 결과를 가져올 때마다, 스스로도 너무 놀랍고 신기했습니다. 저의 새로운 모습을 발견할 때마다, 저는 너무 신이 났고, 아이처럼 들떠서, 즐거움과 기쁨을 만끽하기도 했습니다. 어둠에 가려있던 저의 빛들을 보게 되었습니다. 그래서 저는 남편에게 항상 감사와 존경의 마음으로 살아갑니다. 지금 생각하면 남편은 저를 위해 무엇을 해야 할지 알고 있는 사람 같았습니다. 남편도 삶을 포기하고 싶을 정도로 힘든 시련을 이겨 내 온 사람이기에, 저의 여정을 누구보다 더 잘알고 있었을 겁니다. 그리고 그 시련을 많은 사람의 도움으로 이겨 냈기에, 사람을 누구보다 귀히 여긴다고 했습니다. 그래서 항상 다른 사람에게 베풀려 노력합니다. 그런 남편에게서 철없던 제가 배울 수 있는 것들은 너무 많았습니다. 그리고 저도 이제 저의 경험으로, 누군가에게 도움을 드릴 수 있었으면 좋겠습니다. 제가 받은 사랑과 응원을 돌려드리고 싶습니다.

우리의 환경이 우리가 원하는 대로, 나를 다 수용하고 인정해 주고 사랑해 주지 않을 수 있습니다. 그런 환경 속에서의 변화는 사실 어려울 수 있습니다. 우리는 어둠에 가려져 있을 뿐이지 누구나 다 자신만의 빛과 능력을 가지고 있습니다. 여러분들도 그 빛과 능력을 인정해주고 찾아서 끌어내 줄 누군가를 찾으셨으면 합니다. 그것은 꼭 사람이 아니어도 괜찮습니다. 책이어도 괜찮고, 인터넷 카페와 같은 공간이어도 괜찮습니다. 앞에서 말씀드린 제가 가장 힘들고 어려운 시기에 활동했던 카페에서의 경험도 저에게는 저를 새롭게 발견해 내고 성장시킬 수 있었던 귀한 기회였습니다. 많은 회원님의 긍정적인 피드백과 응원의 댓글을 통해 지금까지와는 다른 저의 모습을 찾을 수 있었고, 저의 마음과 고통을 충분히 공감받을 수 있었으니까요. 자신이 잘 활용할 수만 있다면 무엇이든 괜찮습니다. 지금 제가 운영하고 있는 인터넷 카페와 회원님들도 괜찮으실 테고, 책이든 그럴만한 사람이든 무엇이든 괜찮으실 겁니다. 오히려 나에 대한 편견과 선입견, 잘못된 정보를 가지고 있지 않은 사람들과의 순수한 소통 속에서 우리는 더 많은 사랑과 지지와 응원으로 새롭게 거듭날 수 있습니다. 스스로에 대한 부정적인 편견에서 벗어나 자신감을 찾고, 나는 소중하고, 당연히 사랑받아야 할 가치 있는 존재라는 걸 진정으로 알게 될 때, 우리는 자신을 지킬 수 있는 힘을 얻게 되고, 더 잘 지켜 나갈 수 있습니다.

우리가 이 병을 극복해 내기 위해 실천해야 하는 많은 노력들은 우리에게 모두 자신감과 보람 성취감 같은 내적 선물을 안겨 줍니다. 그렇게 만들어진 각각의 선물 조각들은 하나로 완성되며 나의 내적 자존에 새겨집니다. 그 조각들은 모이면 모일수록 서로를 더 지지하며 나에게 더 좋은 영향을 미치고, 나를 지켜 낼 수 있는 힘을 더 강화시켜 줍니다. 이 모든 것들이 골조가 되고, 지붕이 되고, 벽이 되고, 창문이 되고, 문이 되어 안전하고 튼튼한 '나'라는 집으로 완성됩니다. 모든 것들이 각각 진행되어, 하나로 합쳐질 때 그것이 나를 지켜주고 보호해줄 더 강한 힘으로 재탄생됩니다. 내가 강해질수록 나를 표현하고, 거절하고, 지켜 내는 것도 더 쉬워집니다. 나라는 집을 더 강하고 단단하게 만들어 가시기를 바랍니다.

마지막으로 제가 말씀드리건대, 이 글을 읽고 계시는 모든 분들은 세상에서 가장 아름답고, 가장 소중하며 가장 고귀하신 존재들입니다. 우리는 모두 하나로 연결되어 있는 순수한 빛이고 사랑이라고 합니다. 우리 자신이 바로 사랑입니다. 우리가 어떠한 모습으로 있든, 우리는 그냥 사랑이고 완전합니다. 그대로 다 괜찮습니다. 그대로 다 사랑입니다. 자신을 사랑하는 것에 있어서 절대 움츠러들지 마시고 활짝 펼쳐 가시기를 바랍니다. 정말 다 괜찮습니다.

. . .

인지도식(스키마) 관리

다음으로 '스키마'라고 하는 것에 관해 말씀을 드리려고 하는데, 이것은 제가 이 병과 오랜 시간을 함께하며 자연스레 관심을 가지게 된 심리학 공부를 통해 알게 된 인지도식에 관한 것입니다. 인지도식 즉, 스키마란 인간이 외부나 내부의 자극에 대해 반응하는 하나의 자동화된 인지 시스템이라고 합니다. 이것은 인간이 태어나고 자라는 동안 자신이 속한 환경 속에서 접했던 다양한 정보들이 저장되어 자동화된 것으로, 우리의 생각과 행동에 절대적인 영향을 미친다고 합니다. 그리고 새롭게 받아들인 경험은 기존에 저장되어 있던 경험과 일련의 과정을 통해 새롭게 변형되어 저장된다고 합니다. 쉽게 말해, 우리에게 어떠한 자극이 올 때 저장된 방식대로 자신도 모르게 무의식적으로 반응하고 행동하게 되는 것을 말합니다. 더 쉽게 말하면 '콩 심은 데 콩 나고, 팥 심은 데 팥 난다.'라는 말의 의미와도 유사합니다. 본의 아니게 저의 원 가족을 자꾸 언급하게 되어 마음이 불편하지만, 저에게 가장 지대한 영향을 미쳤던 뿌리가 저의 원 가족이고, 저의 뿌리이기도 하기에 언급하지 않을 수가 없습니다. 저는 저의 원 가족에 대해 부정적인 의도나 마음을 가지고 있지 않으며, 가족들을 너무 사랑합니다. 혹시 우리 가족분들이 이 글을 읽고 계신다면, 그 점 잊지 말아 주시기를 바랍니다.

그럼 각설하고, 저는 누군가에게 아무리 사소한 것이라도 무언가를 해 달라고 요구하거나 부탁하는 것이 참 어렵고 힘든 사람이었습니다. 그리고 누군가가 저에게 사소한 무언가를 요구하거나 부탁해 올 때 쉽게 짜증이 나고 기분이 좋지 않았습니다. '무언가를 해달라고 요구하거나 부탁하는 일은 좋지 않은 일'이라는 도식이 저의 뇌에 설정되어 있었던 것이지요. 그것은 제가 태어나 성장하고 생활하는 동안 제가 속한 환경 안에서 학습되어 저장된 것일 겁니다. 그래서 누군가에게 무언가를 부탁하거나 요구하면, '혹시 저 사람이 짜증을 내거나 싫어하지 않을까?'라고 불안해하며 꼭 필요한 상황에서만 겨우 부탁하거나 요구해야 했습니다. 그렇게 설정된 도식은 저한테는 너무 당연한 진리였기에 의심의 여지도 없었습니다. 그런데 결혼 후 남편은 저의 어떤 부탁이나 요구에도 항상 웃으며 그것에 응해 주었습니다. 오랜 시간 동안 한 번도 짜증을 내는 일이 없었습니다. 오히려 남편은 자처해서 어떤 것들을 먼저 해 주려 했습니다. 남편은 저뿐만 아니라 모든 사람에게 그렇게 했습니다. 부끄럽지만 그 사실이 저에게는 다소 충격이었으며, '아~ 무언가를 부탁하거나 요구하는 일이 좋지 않은 일이 아니고, 누군가의 부탁을 들어주는 일은 좋은 일이구나.'라는 어린아이나 할 법한 깨달음을 얻게 되기도 했습니다.

그렇게 새롭게 깨달아진 경험은 저의 기존 도식에 변화를 일으켰고 남편이나 누군가가 저에게 어떤 부탁이나 요구를 청해 올 때 기분이 나쁘거나 짜증 나는 반응들이 서서히 줄어 갔습니다. 오히려 나란 사람이 누군가에게 무엇인가를 해줄 수 있다는 사실이 뿌듯했고 기뻤습니다. 그리고 자신의 부탁이나 요구에 응해준 저에게 상대방은 오히려 고마워했고 관계는 더 돈독해졌습니다. 이렇게 새롭게 생겨난 긍정적인 도식으로 인해 저는 사람들과의 관계에서 많은 변화를 맞을 수 있었습니다. 또 짜증을 내고 다툼이 일어날 수 있는 상황이 방지되어 좋았습니다. 짜증을 내고 다툼을 하고 분위기를 악화시키면 당연히 우리의 뇌는 그것을 위험으로 받아들이기에 공격-도주 경보를 울려 다양한 증상을 발현시킵니다. 심장이 두근거리고, 혈압이 오르고, 긴장되고, 불안해집니다. 그것은 병적인 불안 유전자를 보유하고 있는 우리에게 결코 좋은 일이 아닙니다.

그래서 최대한 모든 상황에서 공격-도주 반응을 일으킬 수 있는 상황을 줄여 나가고 자신을 안정된 상태로 만들어 가는 것이 우리에게는 아주 중요한 일입니다. 모든 사람이 공격-도주 반응을 당연히 경험하지만 길게 이어지지는 않습니다. 하지만 심장 두근거림을 심장마비와 자동 연결 짓는 시스템에 대한 견제 능력이 없는 불안장애 환우라면 이 일시적인 증상으로 큰 불안을 다시 가져와 힘들어질 수 있습니다. 그래서 여기서 또 말씀드리는데 먼저 심장 두근거림과 조건화되어 있는 심장마비와 관련된 파국적인 생각의 흐름을 볼 줄 알고 무시할 수 있는 방어 능력을 갖추시기를 바랍니다. 그게 가능해야 단순하게 나타나는 심장 두근거림의 증상을 일시적인 것으로 만드실 수 있습니다.

위에서의 예처럼, 부정적인 반응을 끌어내는 저의 기존 도식은 수정되어야 할 것들이 매우 많았습니다. 여러분들도 항상 어떠한 상황이나 사건, 대상을 접하며 일어나는 무조건적인 자신의 도식을 강박사고 보듯 자각하고 나의 도식이 어떻게 설정되어 있는지를 살펴보시기를 바랍니다. 불안장애의 증상이 자동으로 일어났던 것처럼, 내 생각과 감정 행동의 반응들 역시 사실은 자동으로 일어난다는 사실을 이해하시고 나의 도식에 어떤 부분이 수정되어야 할지 파악하고, 더욱더 긍정적이고 건설적인 방향으로 수정해 가시기를 바랍니다. 나의 도식에 잘못 설정된 생각이 올바른 방향으로 수정되면 뒤따르는 감정과 행동도 함께 수정됩니다. 똑같은 상황을 경험해도 어떤 사람은 감사함을 먼저 찾고, 어떤 사람은 불평을 먼저 찾을 수 있습니다. 그것은 그 사람의 문제는 아닙니다. 그 사람도 어쩔 수 없이 주어진 환경 안에서 자신도 모르게 습득되어 저장된 도식의 자동화된 반응일 테니까요.

하지만 도식은 또 재건축될 수 있기에, 얼마든지 긍정적인 방향으로 다시 만들어 갈 수 있습니다. 나도 모르게 설정된 도식은 어쩔 수 없다 할 수 있지만, 그 방식을 고수할지 아닐지는 자신의 선택입니다. 그것은 그 사람의 문제입니다. 그러니 매 순간 내 생각과 감정과 반응을 강박사고 다루듯 자각해서 점검해 보는 노력을 꾸준히 진행하시기를 권해 드립니다. 화를 내고 싶은 상황이 올 때, 내 생각만 옳다고 고집을 피우고 싶은 상황이 올 때, 누군가를 비판하고 싶은 상황이 올 때, 누군가와 대화할 때, 누군가가 나에게 뭔가 요구해 올 때 등, 모든 상황에서 나의 도식이 어떤 반응을 일으키도록 설계되어 있는지 보십시오. 바로 반응하지 말고, 강박사고 다루듯 그냥 알아보십시오.

　나와는 별개인 나란 사람의 도식이 어떤 모양인지를 살펴보신다는 기분으로 탐구해 가십시오. 그리고 이왕이면 올바르고 긍정적인 방향으로 바꾸어 가십시오. 저도 그러한 작업을 지금까지도 꾸준히 해 오고 있습니다. 새롭게 변화된 도식의 반응으로 제가 서서히 변해 갈 때 저를 둘러싼 환경과 사람들과의 관계도 소리 없이 흘러가는 강물처럼 잔잔해져 갔습니다. 그러면 그럴수록 저의 삶에서 공격-도주 반응이 일어날 확률도 함께 줄어 갔습니다. 그것은 불안장애의 극복에 있어서 일상에서 이루어져야 할 중요한 변화이기도 합니다. 아직 저도 너무나 부족한 사람이기에 재건축되어야 할 도식이 너무 많이 있습니다. 이 작업 역시 힘들 수 있습니다. 무의식적이고 순간적으로 일어나는 반응 사이에 끼어드는 것조차 쉽지 않을 수 있습니다. 저도 모르게 지나가는 경우도 많습니다. 하지만, 지나고 나서라도 나의 반응을 돌아보며, 알아 가고 개선하는 노력을 하려 합니다. 그리고 그것을 기억해 두었다가 다음 상황이 발생할 때, 똑같이 반응하지 않으려 노력합니다. 이러한 습관 또한 반복되고 강해져 갈수록 쉬워질 것입니다.

마음가짐

    이제 제가 이 불안장애라는 병을 이겨 내기 위해 가졌던 순간순간의 마음과 태도에 대해 마지막으로 말씀을 드리려고 합니다. 지금까지 제가 설명해 드렸던 모든 노력을 병행하셔서, 저와 같은 수준에 이르시게 된다면 어떠한 증상들이 나타나도 그냥 지나가는 먼지처럼 치부해 버릴 수 있을 정도로 그 증상들이 너무나 작고 쉬워지신 상태가 되실 겁니다. 이러한 상태가 되면, 증상들은 더 이상 나에게 증상이 아닌, 그냥 지나가는 먼지이기에 나는 더 이상 이 존재들로 인해 어려움을 겪거나 고통을 겪지 않으셔도 됩니다. 나는 이렇게 되기 위한 오랜 시간과 과정을 지나왔기에 그전하고는 많은 부분에서 변화해 있을 겁니다.

    그 변화는 거창하고 대단한 사람이 되었다는 것을 의미하는 게 아니라, 자신과 자신의 주변 사람이 체감할 수 있을 정도의 올바른 방향의 변화들이 자신에게 있었을 것이란 이야기입니다. 이렇게 되기까지의 과정이 사실 그렇게 녹록하지만은 않습니다. 여기까지 오는 게 힘이 드는 건 사실이지만 여기까지만 오면 더 이상 할 게 없습니다. 좋은

방향으로 변화한 나와 나의 삶의 방향을 그대로 유지해 가시기만 하면
됩니다. 좋은 방향으로 나와 나의 삶이 변화하게 되면 그 좋은 맛을 알
고 이미 변화했기에 과거로 돌아갈 수 없습니다. 그래서 유지될 수밖
에 없기도 합니다. 그래서 이 과정이 힘들지만, 영원한 해결을 보장하
기에 가치가 있는 것입니다. 그래서 이 힘든 과정을 마스터해야 하고,
그 과정에서 중요하게 다루어야 할 부분이 또 이 마음과 태도에 관한
것이기도 합니다. 이 마음과 태도에 대해 이제 구체적으로 말씀을 드
리겠습니다. 마음과 태도는 내가 가야 할 목적지에 제대로 도착할 수
있도록 도와주는 지도가 되어 줄 것이기에 마음과 태도를 잘 잡는 것
도 매우 중요합니다.

· · ·

꾸준함

　모든 노력을 꾸준히 하셔야 합니다. 꾸준함에 대해서는 앞에서도 말
씀드렸듯 무엇인가를 이루어 내야 하는 모든 분야에 있어서 가장 기본
이 되는 중요하고 필수적인 요소입니다. 걷기도, 쓰기도, 읽기도 모두
꾸준히 하셔야 그 행위로 나타나는 효과도 잠깐 켜졌다 꺼지는 성냥불
이 아닌 오래도록 타올라 그 열기를 뿜어내는 장작불이 될 것입니다.
노력의 행위 뒤에 바로 나타나는 일차적인 효과와 함께 꾸준히 유지되
었을 때만 나타나는 이차적인 효과까지 함께 노려야 이 병 극복에 실
질적인 도움을 받으실 수 있습니다. 잠깐 하다 마는 것은 아무 의미가
없습니다. 어떤 행위를 꾸준히 실천하다 보면 그 행위를 시도하고 유
지해 나가는 것도 점점 쉬워집니다. 점점 익숙해집니다. 그래서 더 꾸

준히 이어갈 수 있습니다. 쉬워지고 익숙해지면 그때는 힘들이지 않고 일상적인 일을 하듯 자연스럽게 유지할 수 있습니다. 다만 그 지점에 이르기까지에는 자신의 의지가 많이 필요할 겁니다. 하기 싫다는 자신의 마음을 뿌리쳐야 하는 것처럼 자신을 이겨 내야 하는 순간이 많을 겁니다. 하지만 자신을 이겨 내는 순간이 많아지면 많아질수록 자신을 이기기도 쉬워집니다. 하기 싫은 걸 하는 게 점점 더 쉬워지고 이제는 재미까지 느껴집니다. 이 역시 꾸준함이 있어야 가능한 이야기입니다.

꾸준함에는 그런 힘이 있습니다. 무엇이든 쉽고 능숙하게 만들어 주고 자신과의 싸움에서 승리하게도 해줍니다. 또 꾸준히 실천해 나가는 모든 순간 속에서 거두어들일 수 있는 좋은 열매들도 너무 많습니다. 그러니 모든 노력을 꾸준히 이어 가시기를 바랍니다. 그래서 제가 말씀드리는 그 열매들과 꾸준함의 힘을 경험해 보시기를 바랍니다. 무엇인가를 꾸준히 한다는 것이 누구에게나 쉬운 일은 아닙니다. 그렇기 때문에 또 무엇인가를 꾸준히 하는 나 자신이 대단한 사람인 것입니다. 그렇기 때문에 그 대단함이 나의 내적 자존에 빛나는 조각들로 새겨질 수 있습니다. 앞에서 걷기 운동에 관해 설명해 드리며 언급했었던 내용이지만, 한 번 더 말씀을 드리면 어떤 행위를 무작정 하는 것보다는 일주일을 목표로 정하거나 한 달을 목표로 정하는 등, 일정한 기간을 정해 그 행위를 일종의 도전과제로 삼아 달성하는 방법으로 이어가는 것도 매우 효과적입니다. 또 일정한 시간을 정해 규칙적으로 해나가는 것도 좋습니다. 저는 점심 식사 후와 퇴근 후 걷기, 잠자기 전 책 보기, 아침 업무 시작 전 일기 쓰기 등과 같은 루틴을 만들어 실천했고 그게 장기화되고 습관화되면서 어렵지 않고 자연스럽게 이어갈 수 있었습니다. 이렇게 극복을 위한 노력들을 자신의 생활환경에 맞게 체계화해 지켜 나가십시오. 그러면 심리적인 면에서도 좋은 영향을 받을 것이고, 실행적인 면에서도 좋은 효과를 보실 수 있으실 겁니다.

...

좋을 때 더 열심히 하자

이제 운동이나, 읽기, 쓰기와 같은 극복 노력이나 약물 복용의 효과로 어느 정도 시간이 흐르면 불안이나 강박사고와 같은 모든 증상이 좋아지는 시기가 옵니다. 그러면 대부분의 사람들은 그 좋아진 상태가 영원할 줄만 알고 지금까지 해왔던 노력을 중단하시는 경우가 많습니다. 특히 이 병을 제대로 경험해 보지 못한 분들이시라면 당연히 더 그러실 수 있습니다. 모르시니까요. 하지만, 불안장애의 증상이 그렇게 한 번의 좋아짐으로 사라지지 않고, 스트레스 상황이나, 다양한 이유로 쉽게 재발이 된다는 걸 아시는 분들도 이 병의 끝을 보지 않았기에, 또 쉽게 나태해지실 수가 있습니다.

반복해서 말씀드리지만, 불안장애의 증상은 한순간에 절대 좋아지지 않습니다. 오랜 시간 동안 호전과 악화를 수없이 반복하며 아기들이 걸음마 떼듯 아주 천천히 단계를 밟아가며 조금씩 좋아집니다. 좋아진 상태는 한참 시간이 지난 후 어느 순간 '어~ 요즘 이 증상이 안 나타나네? 어~ 이 생각이 안 나네?'라는 반응으로 새삼스럽게 체감됩니다. 오랜 시간 동안, 이 과정을 겪은 후 호전반응이 새삼스럽게 체감되는 상태가 아니라면 아직 남아있는 과정과 시간이 많다는 증거이니 마음과 태도를 지금까지처럼 변함없이 잡고 가셔야 합니다.

　이렇게 좋아진 시기가 길게 유지되면 될수록 노력하고 있지 않는 상태도 길어지기에, 그동안 해왔던 노력은 다시 원점으로 돌아가게 되고, 마음가짐이나 의지도 흐지부지해져서, 다시 불안이나 증상들이 출몰하게 되었을 때 정신없이 휘둘리며 바닥을 치게 되기도 합니다. 제가 이 경험을 뼈저리게 했었습니다. 부랴부랴 다시 노력을 시작해 보지만 이미 마음에 타격을 입었기에 그전의 페이스대로 복귀하는 데 어려움과 시간이 많이 필요하게 됩니다. 꾸준히 해야 할 노력을 중단했다가 다시 시작하려면 그동안 해왔던 노력의 원점으로 돌아가서 중단한 날만큼을 추가해서 다시 해야 하는 것입니다. 목적지 도달까지 그만큼의 시간이 더 걸리는 겁니다. 마음도 새로 잡아야 하고, 의지도 새로 잡아야 합니다. 기본 틀부터 다시 세워서 가야 하니 얼마나 지치고 힘들겠습니까.

　불안장애의 병세가 안정되어 좋아진 상태일 때는 그 전의 증상이 어떠했는지 잊어버리게 됩니다. 이 병이 증상들이 나타나고 있을 때는 너무나 비정상적이고, 강렬하고, 힘들어서 절대 그 증상을 잊어버리지 않을 것 같은데 지나고 보면 또 그 증상에 대한 특정한 기억이나 묘사가 쉽지 않은 것이 특징입니다. 그래서 쉽게 나태해질 수 있습니다. 좋아진 상태에서는 그 불안과 증상들이 전혀 나타날 것 같지 않습니다. 언제 그랬냐는 듯 평범해집니다. 마치 불안이 우리를 속이고 있는 것 같기도 합니다. 무방비 상태에서 다시 나타나면 우리가 입을 데미지는 그만큼 클 테니까요. 그래서 이러한 현상들을 방지하기 위해 제가 정한 기준이 좋을 때 더 열심히 하자는 것이었습니다. 병세가 좋을 때도 극복을 위해 했던 노력을 그냥 계속해서 해 나가는 겁니다. 좋을 때 더 열심히 하자는 마음가짐을 가슴속에 꼭 품고서 극복 노력의 실천들을 이어 갔습니다. 그런 마음과 자세의 상태에서는 언제 어디서 불안이나 증상이 다시 나타나도 저의 페이스가 유지되고 있었기에 바로 방어가 가능했습니다.

'아, 다시 시작되었구나. 좋아 이번에는 내가 더 잘 무시해 주겠어.' 라는 마음을 강하게 먹고 요지부동의 자세로 다시 나타난 증상에 대응했습니다. 그렇게 일정한 시간이 지나면 그들은 다시 잠복 상태가 되고 저는 한 번을 더 경험했기에 이 병에 대한 지식이나 조절력이 더 강화된 것입니다. 그리고 좋아짐으로 흘러가는 저의 패턴도 계속해서 유지가 되고 강화되어 갔습니다. 이렇게 꾸준히 유지되어 온 불안장애의 극복을 위한 저의 노력이 결국 불안과 증상들을 극복하게 해 주었고 완전히 조절할 수 있는 능력을 갖추게 해 주었습니다. 그러니 부디 여러분들도 끝을 보고 싶으시다면 그래서 이 병을 내가 스스로 관리할 수 있는 능력을 보유하고 싶으시다면 항상 그 마음 그대로 자신이 완전히 불안장애의 증상을 가지고 놀 수 있을 정도가 될 때까지 유지해 가시기를 바랍니다.

. . .

초심으로

우리가 증상과 오래 함께하다 보면 지칠 때가 당연히 찾아옵니다.

'증상을 몇 개월이나 겪었는데 왜 아직도 나타나는 거야? 이거 언제까지 나타나는 걸까? 진짜 좋아지기는 하는 걸까? 정말 이렇게 하는 게 맞는 걸까? 그냥 포기하고 약 먹고 살자.'라는 오만가지 생각을 과거와 미래를 넘나들며 하게 되기도 합니다.

'너무 지쳐. 희망이 안 보여.'라고 절망하며 우울과 무기력 속에 빠지려 할 때도 종종 찾아옵니다. 이럴 때 초심을 가진다는 것은 자신이 이 병과 함께한 과거의 시간을 보지 말고, 앞으로 나아질 수 있을까에 대한 불안으로 미래의 시간도 보지 말며, 오직 지금, 이 순간에만 집중해서 과거와 미래로부터 오는 절망과 불안들의 순간을 견제하라는 말입니다. 우울과 절망은 또 한동안 우리를 바닥으로 끌어내려 휘청거리게 하고, 마음은 타격 입고 불안과 증상은 더 악화할 수 있습니다. 그래서 이 상황을 방지하기 위해 오로지 현재에 집중하는 마음으로서의 초심을 가지시라는 겁니다. 처음 이 병을 이겨 내고야 말겠다고 다짐했던 그 마음을 단단하게 유지해 가는 것도 초심이 되겠고, 조금 좋아졌다고 해서 나태해지지 않고 자신이 존재하는 그 자리에서 내가 해야 할 것들을 묵묵하고 성실하게 해 나가는 한결같은 자세도 초심이 될 것입니다. 이 모든 초심이 불안장애의 극복 노력에 있어 우리가 갖추어야 할 중요한 요소들입니다. 생각도 마음도 지금 그 자리, 오직 지금에서 이 순간 내가 해야 할 것들에만 집중하고, 마음을 쓰고 실천해 가면 되는 것입니다. 자신의 생각과 마음이 미래와 과거에 가 있는 순간을 자각하고 현재로 데려오면 되는 것입니다.

지나간 일은 절대 변화시킬 수 없는 과거의 문제이기에 그것들을 붙들고 아등바등하며 부정적인 감정을 일으키는 것은 정말 어리석은 일이며, 그렇게 해서 끌어올려지는 부정적인 감정들은 또 우리의 증상에 악영향을 미칠 수 있기에 더더욱 경계해야 합니다. 다만, 그때 나의 실수나 잘못된 행동들을 되돌아보고, 그것만을 현재로 가져와 다시 반복하지 않으려는 좋은 기회로 삼을 수 있다면 그걸로 과거의 경험은 가치 있게 빛날 것입니다. 미래의 문제 또한 지금 나의 생각이나 걱정으로 해결될 문제가 아닙니다. 지금, 이 순간 내가 어떤 선택을 하고, 어떤 행동을 하고, 어떤 생각을 하는지에 따라 그것에 맞게 창조되는 것이 미래이기에 걱정하고 생각만 해서는 아무것도 해결될 게 없습니다. 지금 잘하고 있다면, 지금 나의 미래를 위해 좋을 무언가를 시도하고 있다면, 당연히 미래도 좋을 것입니다.

미래에 어떤 일이 일어날지는 아무도 알 수 없습니다. 과거든 미래든 어찌할 수 없는 것들을 붙들고 있는 것만큼 안타까운 일은 없습니다. 물론 미래의 밝고 행복하고 긍정적인 모습을 상상하는 것은 지금 힘든 나에게 좋은 영향을 줄 수 있습니다. 그러니 불안과 절망 걱정스러운 마음은 접어 두시고 항상 초심으로 지금에 집중하시기를 바랍니다. 이러한 현재에 집중하는 습관 또한 '현재에 집중하자.'라는 생각을 의식적으로 자꾸 떠올려 자신의 생각이 어디에 가 있는지를 알아차리는 노력을 반복해 감에 따라 익숙해질 수 있습니다. 의식적으로 알아차림이 되면 될수록 수월해지실 겁니다. 여기서 또 말씀드리는 것은 병적인 염려와 미래나 과거로 간 생각이 일으키는 일반적인 걱정이나 후회 등은 엄연히 다르고, 명확히 구분된다는 사실입니다. 그 구분이 되어야 처리도 올바르게 할 수 있으니, 생각을 관리하는 노력에 더 많은 관심을 가지시고, 항상 알아차리고 바라보는 습관을 만들어 가시기를 바랍니다.

. . .

조급함 관리

조급함은 우리가 살아가면서 수시로 느끼는 감정입니다. 우리가 속한 환경이 뭔가를 느긋하게 해도 괜찮을 환경이 아니다 보니, 조급하게 서두르는 습관이 무의식적으로 저를 조종할 때가 많습니다. 사실 이 글을 써오면서도 조급해질 때가 종종 있었습니다. 빨리 좋은 책을 완성해 불안강박으로 힘들어하시는 분들에게 당장 도움을 드리고 싶어 솔직히 초반에는 무척 서둘러 글을 썼던 것도 사실입니다. 하지만 의식적으로 그런 저의 조급함을 인식하고 견제하려 노력했습니다.

'서두르고 조급해하면, 당연히 좋은 내용의 책이 탄생할 수 없을 것이고, 그것은 내가 원하는 이상적인 결과가 아니야. 책을 내는 것이 내 본질적인 목표가 아니라, 좋은 내용의 글을 써서 나와 같이 힘든 분들에게 도움을 드리려는 것이 나의 진정한 목표야.'라는 생각을 하면서요. 정말로 그러했습니다. 글을 통해 누군가에게 도움이 되고 싶었던 저의 순수한 마음이 책을 내야겠다는 욕심으로 변질되어 조급해지기 시작할 때 그런 저를 보면서 한동안 괴로웠습니다. '차라리 이럴 바에는 글을 쓰지 않는 게 나아.'라는 생각까지 하며 한동안 글 쓰는 작업을 중단하기도 했습니다.

중단한 시간 동안 마음이 참 힘들었습니다. '내가 정말로 원하는 게 무엇일까? 나의 진심은 무엇일까? 단순히 책을 내고 싶은 건가? 아니면 정말 힘들어하는 분들께 도움을 드리고 싶은 건가?'라는 물음을 스스로에게 계속 던지며 마음이 정리되고 잡힐 때까지 기다렸습니다. 그러다가 제가 정말로 기쁘고 가슴이 벅차오를 때가 언제였는지를 떠올려 보니 별거 아닌 저의 조언으로 크게 도움을 받았다고 감사해하시며 몇 년이 지나도록 잊지 않고 감사함을 표현해 주시는 분들을 대할 때였고 저의 조언으로 극복 노력을 진행하시고 변화해 가시는 분들의 모습을 볼 때였으며, 제가 누군가에게 도움을 드리고 있는 바로 그 순간이었습니다. 그 후 모든 욕심을 버리려 노력하며 다시 초심으로 돌아가 글쓰기를 이어 오고 있습니다. 저의 경우처럼 본질과 벗어나 버린 욕심 때문에 조급해지는 경우는 자신이 가야 할 목적지의 방향을 완전히 다른 곳으로 틀어 버리기에 자신이 원하는 목적지에 절대 도착할 수 없을 것입니다. 이럴 때는 내가 조급해하는 이유가 무엇인지를 스스로에게 묻는 시간을 가지고 틀어진 방향을 제대로 잡아가야 할 필요가 있습니다. 이 병을 극복해 가는 과정에서도 이러한 자세는 매우 중요합니다.

제가 불안장애라는 병이 만들어 냈던 공격적 강박사고의 발생과 소멸의 과정을 약물 복용 없이 있는 그대로의 상태로 겪으며 깨달은 점이 이들에게도 하나의 생리가 있었다는 겁니다. 앞에서 말씀드렸지만 한번 태어난 것들은 성장과 소멸의 과정이 존재하고 또한 그만큼의 시간이 이들에게 주어진다는 것이었습니다. 그렇기 때문에 이들을 소멸시켜 가는 과정에서 빨리 이들과 이별하려 하는 조급한 마음을 갖는 것은 중천에 떠 있는 태양을 바다 밑으로 억지로 끌어내리려는 행위와 다름없습니다. 이런 조급함은 절대 이루어질 수 없는 것들을 붙들고, 아등바등하며 부정적인 감정들을 끌어내는 것일 뿐입니다. 부정적인 감정은 당연히 우리의 증상에 악영향을 미치기에 또 휘청거릴 수 있는 계기를 스스로에게 마련해 주는 것이 됩니다. 그러니 이 병에 있어서만은 철저하게 모든 걸 시간에 맡기고 가시기를 바랍니다. 극복을 위한 노력을 실천해 가시면서 동시에 불안이나 증상들도 함께 잘 처리하고 가신다면 신경 쓸 필요도 없이 이들은 저절로 자신의 생리에 따라 사라져 갈 것입니다.

'어, 언제 사라졌지?'라며 새삼스럽게 사라질 것이고 언제 변화되었는지 모르게 일상적인 생각과 정서로 살아가고 있는 자신을 발견하게 되실 겁니다. 아직 증상에 아등바등하고 집착하고 계신다면 그들에게 시간을 더 주어야 하는 상태이고 오히려 그러한 행동이 그들과의 생활을 더 연장한다는 것임을 꼭 기억하셨으면 합니다. 조급함은 이러한 불안장애의 극복에서뿐만 아니라 일상적인 곳에서도 사소하게 일어납니다. 조급해지면 누구나 다 호흡이 빨라지고 불안해집니다. 또한 쉽게 짜증이 나고 예민해지며 잘하던 일에도 실수가 발생하고, 빨리 해결해야 하는 일임에도 불구하고 쉽게 시작하기가 어려워집니다. 우리의 뇌는 모든 불편한 상황을 위험으로 간주하기에 스트레스 반응이 또한 나타납니다. 스트레스 반응은 우리의 불안장애 증상과 유사하기에 자신의 증상을 제대로 관리하지 못하시는 분들께서는 또 휘청하실 수 있습니다.

그래서 조급함도 항상 견제하시면서 자신의 불안을 관리해 가시기를 바랍니다. 반대로 병적인 불안감으로 인해 조급해지는 경우도 있는데 자신도 모르게 초조하게 일을 서둘러 하거나, 말을 빨리하거나, 식사를 빨리하는 등의 현상들이 나타날 수 있습니다. 이러한 자신의 행동을 통해 또 불안을 이끌어 낼 수 있으니 항상 자신의 행동도 감정과 생각을 관리하듯 관찰하고 알아차릴 수 있는 습관을 들이시기를 바랍니다.

앞에서 잠깐 말씀 드렸지만 조급함을 견제하기 위해서는 또 자신이 조급해질 때 잠시 쉬는 시간을 가지며 자신이 왜 이렇게 조급해하는지에 대한 이유를 생각해 보는 것도 도움이 됩니다. 가만히 보면 빨리 해결해서 편해지고 싶거나, 질책당할까 봐 두렵거나, 상대보다 더 잘하고 싶거나, 내가 먼저 하고 싶거나, 어떤 불이익을 당할까 봐 불안하거나 하는 등의 다양한 마음이 조급함 뒤에 숨어 있습니다. 그런 마음을 알아차리는 것만으로도 조급을 많이 견제할 수 있습니다. 자신의 숨어 있는 마음을 알아차리고, 합리적이고 올바른 생각으로 어린아이를 타이르듯 조급함을 견제해 갈 수 있습니다. 조급의 이면에는 어떤 형태로든 나의 안전이 깨어질까 봐 두려운 마음과 안전을 유지하고 싶은 마음이 숨어 있었습니다. 그 점들을 잘 살펴보시기를 바랍니다. 항상 여유 있는 마음과 자세로 조급함을 견제하셔서 공격-도주 반응을 예방하시기를 바랍니다.

. . .

극복 노력의 본질

우리가 극복 노력을 해 나가는 본질적인 이유는 자신이 겪고 있는 불안장애의 증상들을 스스로의 힘으로 처리하고 관리할 수 능력을 갖추기 위함입니다. 그러한 능력만 제대로 갖추고 있으면 증상이 언제 어디서 나타나든 외부의 도움 없이 스스로 진화해서 그 증상이 자신의 생활에 영향을 미치지 않을 수 있게 할 수 있습니다. 그렇게 되기 위해 제일 먼저 이루어져야 할 것이 자신이 겪고 있는 불안장애라는 병이 무엇인지, 자신이 겪고 있는 증상은 무엇인지, 그 증상을 어떻게 다루어야 하는지에 대해 알고 그 원리를 이해하는 것입니다. 다음으로 해야 할 것이 그 이해를 토대로 자신에게 증상이 실제로 나타날 때 그 증상을 직접 다루어 보고 조절 능력을 점차 강화해 가야 하는 것입니다. 이것이 되어야 다른 것들도 할 수 있습니다. 특히 제가 접했던 많은 분이 불안 염려가 병적인 증상이라는 사실을 쉽게 알아차리지 못하셨고 그 불안 염려가 자신의 실제적인 생각인 줄 알고 그것이 유도하는 대로 살아가며 힘들어하셨습니다. 불안염려가 의도하는 대로 하루에도 몇 번씩 무언가를 확인하거나 회피하거나 해결하려 하며 불안염려의 생각 안에 묶인 생활을 하셨습니다. 이 자체가 병적인 현상임을 자각하지 못하니 이것을 해결하려는 의지조차 내지 못하십니다. 그러다 보니 극복 노력의 방향도 전혀 다른 쪽으로 향할 수밖에 없습니다. 문제가 무엇인지 파악조차 되질 않으니 말입니다. 나름대로 운동도 열심히 하시고 다양한 책도 읽으시며 극복 노력을 열심히 이어 가고 계시지만 정작 본질적인 문제가 개선되질 않으니, 우울과 무기력은 늘 동반됩니다.

불안염려가 나타난다는 것은 아직 기저에 병적인 불안이 흘러 다니고 있다는 것이고 그것은 쾌적하고 깔끔한 우리의 정서 상태를 방해합니다. 뭔가 찝찝하고 유쾌하지 않으며 진득진득 무겁습니다. 다양한 신체 증상들도 동반이 됩니다. 그러다가 크고 강력한 재앙사고의 불덩이가 기저의 불안 강줄기에 떨어지기라도 하면 잔잔했던 불안은 다시 활활 타올라 온갖 증상들을 강하게 표출합니다. 잔잔하고 미온적이었던 불안이 다시 강해지니 이것을 경험하는 환우들은 심한 재발로 여겨 깊게 절망하기도 합니다. 그래서 극복 노력을 하실 때 제일 먼저 해야 할 것이 불안염려나 재앙사고와 같은 생각 증상에 대해 완벽하게 알아가는 노력을 제일 우선적으로 하셔야 한다는 말씀을 또 드립니다. 책을 반복해서 읽고 자신의 뇌에 깊게 저장시켜 염려나 재앙사고가 올라올 때 바로 떠올려 방어할 수 있는 상태로 만드셔야 합니다. 이것이 되어야 앞에서 말씀드린 심한 재발을 방지할 수 있고 기저에 남아있는 병적인 불안까지 해결할 수 있습니다. 불안장애의 증상을 알아보고 분별해 스스로 조절할 수 있는 능력이 갖추어졌을 때, 과거의 상처도 제대로 바라볼 수 있고, 일반적인 감정과 생각들도 제대로 다루어 가실 수 있습니다. 지금 나의 극복 노력의 방향이 어떠한지 이 시간을 빌어 돌아보시고 점검하는 시간을 가져 보시기를 바랍니다.

· · ·

체계적이고 업무적으로 관리

불안장애를 이겨 내려는 극복 노력의 과정들은 지속적이고 반복적으로 장기간 이루어져야 합니다. 그런데 무언가를 장기간 유지해 간다는 것이 생각보다 쉬운 일은 아닙니다. 그래서 이러한 노력을 오랜 시간 꾸준히 이어 나갈 수 있는 환경을 먼저 조성하는 것이 중요합니다. 그 방법의 하나가 극복을 위해 실천하고 있는 노력에 일정한 규칙을 만들어 체계를 잡는 것입니다. 쉽게 말해, 자신의 일과에 극복 노력의 행위들을 필수적으로 포함해 시간표를 만들어 지켜 나가는 것입니다. 저 같은 경우 오전에 일기를 쓰고 점심 식사 후 걷기를 했습니다. 또 저녁 식사 후 저녁 걷기를 하고 돌아와 잠자리에 들기 전 항상 책 읽기를 했습니다. 이렇게 정해진 하루의 루틴을 밥 먹고, 씻고, 자는 것과 같은 당연한 일처럼 여기고 매일 실행해 갔습니다. 실행이 반복될수록 그 행위들은 더 자연스럽게 저의 일상이 되어 갔습니다. 뭐든 반복되고 시간이 흐르면 습관화가 됩니다.

그 과정 중에 극복 노력의 행위들이 너무 하기 싫어지고, 막상 하지 않으면 불안해지는 상황이 종종 찾아오기도 했습니다. 하지만 이 시기마저 넘어서니 그렇게 하기 싫었던 극복 노력의 행위들이 당연히 내가 해야 할 일처럼 여겨지게 되었고, 그때부터 아무런 저항 없이 꾸준히 이어 갈 수 있었습니다. 그런 생활이 길어질수록 저의 하루는 더 안정적으로 정돈되어갔고, 심리적인 면에서도 안정감이 점점 커졌습니다. 중심 없이 흔들리는 가벼운 나의 모습은 스스로를 신뢰할 수 없게 합니다. 자신이 스스로를 믿지 못하는데 어떻게 불안이 생기지 않을 수 있을 것이며, 무엇을 믿고 무엇에 기대어 이 세상을 살아갈 수 있을까요. 자신 안에 중심이 없을 때 자기 삶이 얼마나 외부의 영향에 쉽게 흔들리는지 저는 너무나 잘 압니다. 하지만 무엇인가를 흔들림 없이 묵직하게 실행해 가는 한결같은 나의 모습은 반대로 자신을 믿고 신뢰하게 합니다.

'저 사람은 무슨 일이 있어도 저 일을 해낼 사람이야.'라는 타인에게 가질 수 있는 믿음직한 확신의 시선을 나 스스로에게서 느낄 수 있어야 합니다. 자신에게 당당해져야 합니다. 그래야 그것들을 근거로 마음 깊은 곳의 불안도 믿음과 신뢰로 대치될 수 있습니다. 그런 의미에서 극복 노력의 꾸준한 실천은 자신과의 약속을 지켜 자신을 신뢰하고 믿음으로 이끌어 가는 데 아주 중요한 역할을 해주었습니다. 또 모든 증상은 업무적으로 처리한다는 생각으로 배우고, 익히셔야 합니다. 회사에서 업무를 처리함에 있어서도 업무의 분야에 따라 배우고 익혀야 할 지식은 각기 정해져 있고, 그에 따라 처리하는 고유한 업무수행 방식도 존재합니다. 가령, 문서를 작성할 때는 엑셀이나 한글 프로그램을 이용하고 회계 업무를 해야 할 때는 회계 관련 프로그램을 사용합니다. 업무에 능숙한 사람은 어떠한 업무를 맡게 되면, 그 업무를 처리하는 방식을 즉각 떠올려 완숙하게 처리해 냅니다. 이것처럼 우리의 불안장애가 나타내는 증상들도, 각각의 패턴과 고유한 특징들이 있습니다. 그것에 관해 공부하시고, 그 증상에 대처하는 방법들을 공부하셔서, A라는 증상이 나타날 때, A의 대처법을 즉각 떠올려 그것에 맞게 처리하시면 되는 것입니다. 익숙해지면 오히려 불안장애가 나타내는 증상들을 처리하는 것이, 업무적인 일을 처리하는 것보다 훨씬 간단할 수 있습니다. 자신의 증상을 다 분류해서, 이름을 붙이는 작업도 업무적인 처리가 될 것이고, 증상이 나타날 때 알아차리고 라벨링하여 그 흐름을 끊어버리고 중단시키는 것 또한 업무적인 처리 방법이 될 것입니다. 모든 것들을 단순화시키고, 명료화시키고, 체계화시켜 가십시오. 그래야 모든 증상을 쉽게 알아차리고 쉽게 무시할 수 있습니다.

자기 최면

자기 자신에게 '나는 할 수 있다. 나는 이겨 낸다.'라는 긍정적인 말로 최면을 무한정 걸어주십시오. 저도 매일 개인적으로 썼던 일기에 항상 '우린 할 수 있다. 나는 이겨 낸다.'라는 말을 쓰며 저 자신에게 최면을 걸었습니다. 또 걷기 운동을 할 때도 저의 발걸음에 장단 맞추어 '나는 이겨 낸다.'를 반복해서 말하며 걸었습니다. 또 너무 불안하고 힘이 들 때는, 종이를 꺼내어 '나는 이겨 낸다.'를 반복해서 쓰며 마음을 다잡기도 했습니다. 또 제가 마라토너가 되어 불안장애 완치 결승선에 도달해 많은 분의 응원과 축하를 받는 상상을 하며 꼭 그렇게 되리라 다짐하기도 했습니다. 책을 읽을 때는 '꼭 완치해서 나중에 나처럼 힘든 사람들을 도와줄 거야.'라는 생각으로 저의 증상과는 상관없는 부분까지 꼼꼼히 읽었고, '나중에 누군가 병에 대해 문의해 온다면 이렇게 설명해 드려야지.'라는 생각으로 그 상황들까지 대비하며 공부하기도 했습니다. 그러고 보니 오래전에 이 병에 관해 공부하며 했던 저의 그 다짐들이 이루어져 지금 제가 이 글을 쓰고 있는 건지도 모르겠다고 생각하니 신기하면서도 묘한 기분이 듭니다. 저에 대한 자기 최면이 이루어진 걸까요?

이렇듯 자기 최면은 힘든 증상을 등에 지고 가는 길고 긴 극복 노력의 여정에서 매우 중요한 역할을 합니다. 이것은 자기 자신을 자기가 원하는 방향으로 이끌어 가는 과정이 됩니다. 말에는 힘이 있다고 했습니다. 나 자신에게 자꾸 '나는 할 수 있다.'라고 주문을 걸어주면, 그

말의 힘으로 정말 할 수 있게 되실 것입니다. 이 병을 이겨 낼 수 있는 의지를 만들어 줄 것입니다. 나는 할 수 있습니다.

* * *

부교감신경의 활성화

불안장애의 증상들은 불안을 관장하는 교감신경계의 오작동으로 인해 투쟁-도피 반응이 멈추지 않고 지속해서 나타나는 상태라고 말씀을 드렸습니다. 그렇다면 반대로 안정을 관장하는 기관인 부교감신경계를 더 많이 활성화할 수 있다면 자신을 보다 더 안정된 상태에 머물게 할 수 있을 것입니다.

부교감신경을 활성화하는 방법에는, 첫째, 햇빛을 보며 하루 30분 정도 가볍게 산책하는 것이 있습니다. 단, 과격한 운동은 오히려 교감신경계를 활성화할 수 있어 주의해야 합니다. 둘째, 심호흡을 자주 해주는 것입니다. 심호흡은 복식호흡의 방법으로 하는 것이 좋은데 그 방법은 숨을 들이쉴 때 아랫배가 부풀어 오를 정도로 천천히 들이쉬고, 내쉴 때는 입으로 천천히 들이쉴 때보다 2배 정도 길게 내쉬어 주는 것이라고 합니다. 이런 방법으로 하루 10~15분 정도 심호흡을 해주면 부교감신경이 활성화되어 신경이 안정되고 긴장이 완화되며, 혈액순환과 소화도 잘된다고 합니다. 셋째, 웃음으로도 부교감신경을 활성화할 수 있는데, 웃음을 짓게 되면 분노나 긴장을 완화 시켜 혈액순환에 도움을 주며 면역력이 높아진다고 합니다. 또 불안이나 초조 등 스트레스 요인을 줄여주며, 뇌의 신경구조도 긍정적인 방향으로 재구

조화된다고 합니다.

　이 밖에도 앞에서 말씀드렸던 부정적인 쪽으로 편향된 자신의 자동화된 인지도식을 교정하는 과정을 통해 불필요한 갈등 상황이나 스트레스 반응이 일어날 만한 상황을 줄여 가시는 게 좋습니다. 세상을 자신만의 관점으로 바라보면 세상과의 갈등은 당연히 일어날 수밖에 없습니다. 자신의 관점을 세상으로 맞추어 상대방의 입장을 진심으로 이해하고 인정하는 넓은 마음을 가질 수 있다면 세상과의 갈등도 당연히 줄어 갈 것입니다. 인간은 원래 지극히 자신의 생존을 우선에 두고 반응하도록 설계된 존재라 시선을 나 아닌 외부로 돌리는 것이 그리 쉽지 않을 수 있습니다. 하지만 나만을 고집할 때 발생하는 갈등이나 어려움을 겪다 보면 결국 그것으로 인해 겪게 되어야 할 부정적인 결과 역시 오롯이 자신의 몫일 수밖에 없다는 걸 알게 됩니다. 그 아픈 경험을 통해 부정적인 도식도 서서히 교정되어 갈 수 있습니다. 물론 그러기 전에 교정될 수 있다면 좋겠지만, 세상을 살아 보니 모든 깨달음은 직접 부딪혀 경험될 때 저절로 이루어졌습니다. 하지만 미리 그러한 사실을 머리로써 알고 경험하게 되면 그 깨달음이 더 쉬워질 수 있을 것입니다. 그래서 자신의 인지도식을 미리 점검하는 과정이 꼭 필요하다 할 것입니다. 그리고 이 작업 역시 반복되면 알아보고 교정해 가는 것도 점차 쉬워집니다. 저 역시 계속해서 이러한 노력을 매 순간 끊임없이 해 오고 있습니다.

　또 자신의 감정이나 생각, 욕구와 같은 것들을 억압시키거나 부정하지 않고 있는 그대로 인정하고 수용해 주어야 합니다. 말이나 글로써 밖으로 들어내어 해소해 주어야 합니다. 예전에 저는 항상 모든 것들을 안으로 억누르고 참기만 했습니다. 지금 와서 돌아보면 그때의 저는 언제 터질지 모를 화산과도 같은 상태였습니다. 평상시에는 너무나 차분하고 평화로운 사람이 특정한 상황에만 놓이면 미칠 듯한 분노가 터져 나와 감당하기 어려울 때가 많았습니다. 그런 상황은 대부분 뭔가 제 뜻대로 되지 않는 답답한 상황이었습니다. 이미 제안에 무기력과 분노가 너무 꽉 차 있었기 때문이었을 겁니다. 그러다 결국 불안장애라는 병이 발병하게 되었고요. 그래서 억누르고 참기만 하는 게 어떠한 결과를 초래하는지 저는 너무나 잘 알고 있습니다. 여러분들도 많은 부분 공감하시리라 생각합니다. 그러니 이제는 억누르지 말아야 합니다. 잘 안되더라도 '억누르면 안 된다.'라는 사실을 의식적으로 자꾸 떠올려 자신의 감정이나 생각 욕구와 같은 것들을 관리해 가야 합니다.

저는 그것이 과거의 경험에서 비롯된 것이든 현재 일어나는 것이든 상관없이 매 순간 나타나고 느껴지는 감정과 생각들을 모두 글로써 적어 밖으로 표출하며 정화하고 있습니다. 아무것도 첨가하지 않고 있는 그대로의 것들을 적어나가다 보면 마음은 차분해지고 마음속에 남는 감정의 찌꺼기도 훨씬 줄어든다는 것을 느낄 수 있습니다. 우리는 이미 무의식에 억압된 것들이 너무나 많기에 더 이상의 억압이 있어서는 안 됩니다. 그러니 자신의 감정과 생각 욕구와 같은 것들을 잘 돌볼 수 있는 노력을 꼭 실천해 가시기를 바랍니다.

실천하는 삶

말로만 뭔가를 하기는 너무 쉽습니다. 생각으로 무언가를 이루어 내기도 너무 쉽습니다. 하지만 우리가 살아가는 현실은 실제적인 행위를 통해 만들어 가는 곳이지 말이나 생각으로서 만들어 가는 곳이 아닙니다. 저에게는 저의 노력이라고는 하나도 없이 그저 얻어진 것으로 호사를 누리다 한순간 모든 걸 잃어버린 경험이 있습니다. 그 경험은 세상에 나의 노력 없이 그저 얻어지는 것은 절대 없다는 뼈아픈 깨달음을 제게 안겨 주었습니다. 그 경험은 너무나 힘들고 고통스러웠지만 원래 내 것으로 정해지지 않은 것은 절대 내 것이 될 수 없다는 사실을 알게 해주었기에, 저는 저의 노력으로 저의 삶을 바닥부터 하나하나 다시 쌓아 올리는 삶을 시작할 수 있게 되었습니다.

그 과정에서 유리 같기만 했던 제 내부의 영역이 조금씩 단단해져 갔습니다. 저에 대한 자기 신뢰감이라고는 찾아볼 수도 없었던 제가 저의 노력으로 무엇인가를 일구고, 성장하고, 발전해 간다는 것은 부끄럽지만 정말 기적 같은 일이었습니다. 그 작은 기적을 이룰 수 있었던 것은 제가 매 순간 당면한 문제들을 피하지 않고 도전해서 이루어 냈기 때문입니다. 싫다고 피하지 않고 어렵다고 피하지 않았습니다. 해보고 싶은 게 있으면 무조건 덤벼들어 시도해 보았습니다. 어차피 결과는 뚜껑을 열어봐야 아는 것이니까요. 모든 걸 잃고 바닥으로 떨어진 제가 먹고살려면 취업을 해야 했기에 가능하다 싶은 곳이면 주저 없이 지원했고, 취업이 되면 무조건 가서 해내려 노력했습니다. 그러다 새로운 분야에 관심이 생겨, 관련 자격증 취득에 도전하고 성공했으며 결국 관련 기관으로 새롭게 취업도 했습니다.

새롭게 취직된 곳에서 온갖 고충을 겪으며 부딪히고 깨졌습니다. 그러다 노인 재가복지센터를 운영하기도 했습니다. 센터를 운영하는 과정에서는 직접 만든 수제 홍보물을 들고 무작정 길거리로 나가 지나가는 사람들을 상대로 홍보하기도 했습니다. 또 노인정이나 경로당에 찾아가 어르신들께 선물을 나눠드리고 함께 고스톱을 치며 넉살을 피우기도 했습니다. 이 모든 일들은 저의 타고난 성향으로 치러 내기에 너무나 힘든 일이었습니다. 그랬기에 저에게는 저의 일상이 그 자체로 극복해 내야 할 도전 그 자체였습니다. 그러는 동안 저는 변화해 갔습니다. 안 해봐서 못한다고 여겼던 것이지 하면 된다는 사실을 몸으로 직접 부딪치며 깨달아 갔습니다. 무엇이든 하면 해낼 수 있다는 저 자신에 대한 믿음이 일상에서의 도전과 실천으로 생겨났습니다. 이러한 경험이 반복될수록 저 자신에 대한 자기 신뢰감은 더 당연하고 자연스럽게 느껴졌습니다.

힘든 경험들은 분명히 나를 단단하게 만들어 줍니다. 그 힘든 일들이 진행되고 있는 매 순간의 시간 속에서 우리는 어떻게든 그 순간을 이겨 내려 노력합니다. 어떻게 하면 이 고난을 이겨 낼 수 있을까를 본능적으로 찾습니다. 마음을 돌리거나 생각을 달리하거나 더 좋은 방법을 찾는 등의 다양한 시도를 할 겁니다. 그러는 동안 그 모든 순간의 시도와 노력이 자기 내면에 차곡차곡 쌓여 자신이 앞으로 살아갈 삶에 밑거름이 되고 있을 겁니다. 자신도 모르게요. 그리고 시간이 한참 흐른 후 자신의 변화를 발견할 수 있을 겁니다. 더 힘든 상황에 직면했을 때 예상보다 더 의연하고 여유 있는 자신의 모습을 보게 될 겁니다. 지금 힘든 시간을 보내고 계신 분들께 말씀드릴게요. 지금 그 일분일초의 시간과 그것을 이겨 내려는 다양한 여러분들의 노력과 실천들이 여러분들의 내면에 매 순간 쌓여 단단한 밑거름이 되어 가는 중이라는 것을요. 지금은 때가 조금 이르기에 당장 느낄 수 없을지도 모르지만, 곧 그 강해진 내면의 힘을 느끼게 되실 거라는 것을요. 이것은 진실입니다. 여러분은 지금, 이 순간을 이겨 내기 위해 안간힘을 쓰고 계실 것이기에 이미 내 안에 단단한 내면이 만들어져 가는 중이라는 사실을 잊지 마셨으면 합니다.

지금까지 제가 불안강박을 이겨 내기 위해 실천했던 다양한 실천 노력과 마음가짐에 대해 말씀드렸습니다. 이 모든 것이 한순간에 이루어진 것들은 아니었고 극복 노력을 실천해 가는 과정에서 점점 새롭게 추가되어 하나의 틀을 이루어 갔습니다. 그 많은 날 동안 제가 이 불안장애를 이겨 내기 위해 어떤 마음을 가지고 어떤 생각을 하며 살아왔는지 저의 의식은 사실 다 모를 것입니다. 많은 부분이 망각되었을 테니까요. 하지만 저의 내면은 다 알고 있을 것입니다. 저의 내면은 매 순간 저와 함께하며 저를 지켜보고 있었을 테니까요. 저의 내면은 저를 이제 그전과는 다르게 바라보고 있을 것입니다. 그것은 자신이 분명하게 느낄 수 있기도 합니다. 앞으로도 저는 저를 더 열심히 믿고 돌보고 사랑하려 노력할 것입니다. 저는 저를 사랑합니다. 이 병을 잘 극복해 주어서 그래서 그 고통 속에서 저를 해방시켜 주어서 너무 감사합니다. 여러분들도 저와 함께 이 고통 속에서 해방되시기를 간절히 바랍니다. 충분히 가능한 일입니다.

글을 쓰기 시작하고 몇 개월이라는 시간이 흘렀습니다. 그 몇 개월의 시간은 처음 제가 글을 쓰기 시작했을 때 예상했던 것하고는 너무 다른 시간이었습니다. 한 번도 경험해 보지 않았던 새로운 시도였기에, 처음 겪게 되는 고충과 어려움 앞에서 많이 갈등하고 고민도 했습니다. 어떻게 하면 내가 전달하고자 하는 내용을 이 지면에 최대한 그대로 옮겨 놓을 수 있을까를 고심하며 글을 쓰는 작업은 정말이지 너무나 힘든 새로운 경험이었습니다. 또, '이렇게 발간된 책이 얼마나 많은 분들께 전달되어 읽히고 도움을 드릴 수 있을까?'라는 두려움이 글 쓰는 중간중간 찾아와 글쓰기를 포기하고 싶어지는 순간도 많았습니다. 또 글을 수정하는 단계는 매 순간이 저 자신과의 싸움의 시간이었습니다. 한 문장을 몇십 번이나 읽으며 제 머리에 있는 내용이 그 문장에 예쁘게 담길 때까지 수정하는 작업은 인고의 시간이었습니다. 그 과정을 지나오며 글이 점점 더 예쁘게 다듬어지고 완성되어 갈 때는 마음 안에서 또 부드러운 향기가 피어올라 입가에 번지기도 했습니다. 이러한 모든 과정을 겪으며 저는 또 변화할 수밖에 없었습니다. 힘든 순간들을 겪으면서 제가 집착하고 고집했던 부분들을 많이 내려놓을 수 있었습니다. 글쓰기 작업의 모든 과정은 그 자체로 제게 배움의 시간이었습니다.

또 이 책을 쓰는 동안 저는 지난 10년 동안의 제 시간을 돌아보며 저의 삶과 그 삶의 여정에서 만나게 된 모든 것들을 전혀 다른 방향으로 바라보게 되었다는 점을 새삼 깨달을 수 있었습니다. 삶에서 일어나는 모든 일들은 넓은 초원에 피어있는 각양각색의 아름다운 꽃들이었습니다. 각각의 색깔과 향기를 품은 삶의 꽃들은 때로는 아름다운 향기와 빛깔로 저에게 기쁨과 감사함을 안겨 주기도 했지만, 때로는 어둡고 짙은 향기로 눈물과 고통을 안겨 주기도 했습니다. 그 모든 다양한 삶의 꽃들은 삶이라는 넓은 초원에 존재하며 저에게 각기 다른 향기를 안겨 주었지만 결국, 제 삶에 꼭 필요한 무엇인가를 배우고 성장할 수 있도록 해준 감사한 열매를 선사하고 시들어 갔습니다. 저의 불안장애라는 병도 그러했습니다. 때때로 저는 제가, 불안장애, 강박증 환우라는 사실이 믿겨 지지 않을 때도 있었습니다. '내가 정말 TV나 책에서만 보던 강박증을 앓는 사람이란 말이야?'라는 사실을 떠올리면 저의 병과 그걸 믿고 싶지 않은 저의 마음 사이에서 생기는 괴리감으로 괴롭기도 했습니다. 그럴 때마다 떠올렸습니다. 사람들은 각자 다른 모양과 다른 향기이지만, 자신만이 찾아내야 하는 삶의 꽃과 열매를 자기 삶에서 만나게 된다는 사실을요. 그게 어떤 사람에게는 사업 실패라는 꽃일 수도 있겠고, 어떤 사람에게는 사랑하는 가족의 죽음이라는 꽃일 수도 있겠고, 어떤 사람에게는 암과 같은 육체적 질병의 꽃일 수도 있겠고 우리처럼 불안장애라는 병의 꽃일 수도 있을 것입니다. 이렇게 우리의 진정한 삶은 자신에게 이미 부여된 각자의 꽃과 열매를 발견하고 찾는 과정들의 연속들로 그 과정에서 아름답게 완성되어 갈 것입니다. 그것이 우리가 진정으로 이 세상을 살아가는 이유일 것입니다. 여러분들도 불안장애라는 병을 그렇게 바라보셨으면 합니다. 당장은 많이 힘드실 수 있지만, 그 힘듦이 바로 아름다운 삶의 열매를 여러 분들에게 안겨 주는 선물이 될 것입니다. 그 길에 저의 책이 도움이 될 수 있기를 진심으로 바랍니다. 이제 이 책이 어떻게 자기 소임을 다할지는 이 책의 몫이라 여기며 글을 마무리하려 합니다. 지금까지 저의 글을 읽어주셔서 감사드립니다.

저의 온 마음과 힘을 드립니다.

사랑합니다.

2023년 9월
꼴통공주 올림